Fale Tudo em Alemão em viagens!

CORINE STANDERSKI
PROJETO E COORDENAÇÃO EDITORIAL: JOSÉ ROBERTO A. IGREJA

Fale Tudo em Alemão em viagens!

UM GUIA COMPLETO PARA COMUNICAÇÃO EM VIAGENS

2ª REIMPRESSÃO

DISAL EDITORA

Projeto e coordenação editorial
José Roberto A. Igreja

Preparação de texto
Juliane Kaori/Verba Editorial

Capa e projeto gráfico
Paula Astiz

Editoração eletrônica
Laura Lotufo/Paula Astiz Design

Assistente editorial
Aline Naomi Sassaki

Ilustrações
Carlos Cunha

Fotos de capa
© Corbis/LatinStock

CD
Locutores: Christian Holzmeister, Christian Fornos Klein e Mariane Weger
Produtora: JM Produção de áudio

Dados Internacionais de Catalogação na Publicação (CIP)
(Câmara Brasileira do Livro, SP, Brasil)

Standerski, Corine

Fale tudo em alemão em viagens! : um guia completo para comunicação em viagens / Corine Standerski ; projeto e coordenação editorial : José Roberto A. Igreja. — Barueri, SP : DISAL, 2011.

ISBN 978-85-7844-072-5

1. Alemão - Vocabulários e manuais de conversação - Português 2. Português - Vocabulários e manuais de conversação - Alemão I. Igreja, José Roberto A. II. Título. III. Série.

11-01744 CDD-438.24

Índices para catálogo sistemático:
1. Alemão : Guia de conversação : Linguística 438.24
2. Guia de conversação : Alemão : Linguística 438.24

DISAL EDITORA

Alameda Mamoré 911, sala 107, Alphaville
06454-040, Barueri, SP
Tel. /Fax: (11) 4195-2811
Visite nosso site: www.disaleditora.com.br
Televendas: (11) 3226-3111
Fax gratuito: 0800 7707 105/106
E-mail para pedidos: comercialdisal@disal.com.br

Sumário

4. Alimentação 75

5. Atrações Turísticas, Lazer & Diversão 109

6. Fazendo Compras 121

Apresentação

Bem-vindo a ***Fale Tudo em Alemão em Viagens!*** Você tem em mãos um guia útil e prático que vai lhe auxiliar na comunicação em viagens de negócios ou lazer a países de expressão alemã. O conteúdo deste guia foi cuidadosamente planejado tendo em vista as variadas situações vivenciadas por aqueles que precisam se expressar no idioma alemão em viagens e inclui:

- No aeroporto: fazendo o *check-in* e passando pela alfândega
- No avião: frases usuais da tripulação e dos passageiros
- Transporte: pegando um táxi, alugando um carro, no posto de gasolina
- Acomodação, hospedagem e alimentação
- Atrações turísticas, lazer e diversão
- Fazendo compras
- Ligações telefônicas
- Saúde e emergências

Perguntas e frases usuais

Seja em hotéis, lojas ou restaurantes, conversando com o atendente de *check-in* no aeroporto ou alugando um carro, você poderá contar com todas as perguntas e frases recorrentes vivenciadas pelo viajante a países de expressão alemã. Você poderá também ouvir e praticar essas frases e perguntas através do CD que acompanha o livro.

Diálogos situacionais

Ao longo de ***Fale Tudo em Alemão em Viagens!*** também são apresentados diálogos que retratam situações típicas de turistas em viagem a países de expressão alemã, e que você poderá também praticar usando o CD. Veja alguns desses diálogos abaixo:

- Fazendo o *check-in* no aeroporto
- Alugando um carro
- Pedindo indicação de caminho
- Procurando um lugar para comer
- O sr. pode recomendar algumas atrações, por favor?
- Na loja de calçados

Vocabulário & expressões em uso

Esta seção apresenta palavras e expressões usuais em frases contextualizadas: uma ótima forma de você aprender e revisar expressões muito úteis para a comunicação durante a sua viagem. Essas palavras e expressões estão agrupadas em categorias como aeroporto, viagem de carro, compras, lazer e diversão.

Dicas

Fale Tudo em Alemão em Viagens! apresenta também valiosas dicas e informações práticas para os que viajam a países de expressão alemã. Destacamos, entre outras:

- Meios de transporte público
- Preferências no trânsito
- No posto de gasolina o sistema é *Selbstbedienung (SB)*
- Sistema de caronas compartilhadas: *Mitfahrgelegenheit*
- Acesso à internet
- Dureza da água
- Voltagem 230 V
- Vinhos na Alemanha e na Áustria
- Locação de bicicletas
- Números de emergência e plantões de farmácias
- Seleção de placas de trânsito da Alemanha
- Cardápios comuns nos países de expressão alemã

Glossários temáticos

Para garantir a comunicação eficaz em cada uma das variadas situações de conversação, você poderá também contar com 9 glossários temáticos, apresentados ao longo do livro. Alguns dos tópicos abordados incluem: alimentação, lazer e diversão, lojas e serviços, emergências.

Glossário português-alemão e alemão-português

Além dos glossários temáticos que abordam situações específicas, você encontrará ao final do livro um glossário geral. A procura poderá ser feita a partir do idioma português ou alemão, e algumas diferenciações entre termos da Alemanha do Sul (süddt.), da Áustria (A) ou da Suíça (CH) também são apresentadas.

Áudio CD: frases usuais e diálogos situacionais

O áudio CD que acompanha o livro é uma valiosa ferramenta que permite a você praticar e melhorar a compreensão auditiva de frases e diálogos usuais. O uso do CD é também uma ótima forma de se preparar antecipadamente para situações que irá vivenciar, revisando frases e vocabulário indispensáveis à comunicação em alemão durante viagens.

Viel Spaß und schöne Reise!

CAPÍTULO 1
KAPITEL 1

Primeiros Contatos

Saudações
Begrüßungen

Olá!/Oi!
Hallo!/Grüß dich!/Gruezi! (süddt., CH)[1]/Servus! (süddt., A)[1]

Como está?/Como vai?
Wie geht es dir/Ihnen?/Wie geht's?

Estou bem, obrigado. E você/o(a) sr.(a)?
Mir geht es gut, danke. Und dir/Ihnen?

Bem, obrigado.
Gut/Prima, danke.

Bom dia!
Guten Morgen!/Guten Tag![2]

Boa tarde!
Guten Tag!

Boa noite!
Guten Abend!

Boa noite!
Gute Nacht![3]

Muito prazer!
(Es) Freut mich!

1. (süddt.,CH), (süddt., A): quando houver essas indicações é que a palavra é usada no Sul da Alemanha (süddt.), na Áustria (A) ou na Suíça (CH).
2. Usado após 9h ou 10h da manhã para o dia todo.
3. Usado à noite, antes de dormir.

Muito prazer!
Angenehm![1]

Prazer em conhecê-lo!
Es freut mich dich/Sie kennen zu lernen![1]

O prazer é meu!
Freut mich auch!

O prazer foi meu!
(Es) Hat mich auch gefreut (dich/Sie kennen zu lernen)!

Eu também./O prazer é meu!
Mich auch!/Ebenfalls!/Ganz meinerseits![2]

Despedindo-se
Sich verabschieden

Até logo.
Auf Wiedersehen.

Tchau!
Tschüss!/Servus! (süddt., A)

Até mais tarde!/Até já!
Bis später!/Bis gleich!

Até amanhã!
Bis morgen!

Até mais!/Até um dia desses!
Bis dann!/Bis demnächst!

Depois conversamos, tchau!
Wir sprechen uns später, tschüss!

Tudo de bom!
Alles Gute!/Mach's gut![3]

Tenha um(a) ótimo(a) dia/noite!
Einen schönen Tag/Abend[4] *noch!*

Boa noite!
Gute Nacht![4]

1. Mais formal.
2. Essas três possibilidades são mais informais.
3. Informal: usado entre amigos e jovens.
4. Distingue-se Abend (der), que se refere ao período social da noite, de Nacht (die), período em que se dorme.

Apresentando-se
Sich vorstellen

Meu nome é...
Mein Name ist...

Deixe-me apresentar-me, eu sou Peter Müller.
Darf ich mich vorstellen? (Ich bin) Peter Müller.

Eu sou do Brasil/Portugal.
Ich komme aus Brasilien/Portugal.

Eu sou brasileiro(a)/português(a).
Ich bin Brasilianer(in)/Portugiese(in).

Eu nasci no Brasil.
Ich bin in Brasilien geboren.

Eu moro em...
Ich wohne in...

Eu sou professor(a)/advogado(a)/médico(a).
Ich bin Lehrer(in)/Rechtsanwalt (Rechtsanwältin)/Arzt (Ärztin).

Tenho trinta e três anos de idade.
Ich bin dreiunddreißig Jahre alt.

Sou solteiro(a).
Ich bin ledig.

Sou casado(a).
Ich bin verheiratet.

DICA 1 / TIPP 1: ALEMANHA – DEUTSCHLAND – GERMANY

Por que tantos nomes para um só país? Cada nome foi dado por povos vizinhos diferentes. *Alemanha* origina-se do nome da tribo dos Alamanos, que vivia entre os rios Reno e Danúbio. Essa é a origem do nome para o francês, espanhol, catalão e português. *Deutschland* provém do adjetivo *theudisk*, do antigo alto-alemão, cujo substantivo *thiud* significava "povo" e cuja raiz remete à tribo dos Teutos. Assim, em alemão, em neerlandês, nas línguas escandinavas e mesmo em italiano fala-se em *Deutschland*, *Duistland*, *Tyskland* e *tedesco* (adjetivo "alemão" em italiano). A referência latina *Germania* encontra-se ainda hoje no inglês *Germany* e no italiano *Germania*.

Pedindo informações pessoais
Nach Personalien fragen

Qual é o seu nome?/Como você se chama?
Wie ist Ihr Name?/Wie heißen Sie?

Qual é o seu sobrenome?
Wie ist Ihr Nachname?

O que você faz?
Was machen Sie beruflich?

Qual é sua ocupação/profissão?
Was sind Sie von Beruf?

De onde você é?
Woher kommen Sie?

Qual é sua nacionalidade?
Welche Staatsangehörigkeit haben Sie?

Onde você nasceu?
Wo sind Sie geboren?

Onde você mora?
Wo wohnen Sie?

Quantos anos você tem?/Qual é sua idade?
Wie alt sind Sie?/Ihr Alter, bitte?

Perguntas e expressões úteis
Nützliche Fragen und Ausdrücke

Quanto custa?
Wie viel kostet es?/Wie viel macht das?/Wie teuer ist es?

Quanto tempo leva-se para chegar lá?
Wie lange dauert es bis... ?/Wie lange braucht man bis dahin?

Qual é a distância daqui?
Wie weit ist es von hier aus?

Há um hotel/albergue da juventude perto?
Ist ein Hotel/eine Jugendherberge in der Nähe?

Como posso chegar ao centro/à estação de trem?
Wie komme ich ins Stadtzentrum/zum Bahnhof?

Onde fica a estação de metrô/trem mais próxima?
Wo ist die nächste U-Bahnstation/der nächste Bahnhof?

Onde posso pegar um táxi, por favor?
Wo kann ich bitte ein Taxi bekommen?

Dá para ir a pé?
Ist es zu Fuß erreichbar?

Onde eu posso...?
Wo kann ich...?

Preciso de uma informação, por favor.
Ich brauche eine Auskunft bitte.

Preciso estar diante do teatro em 15 minutos.
Ich muss in 15 Minuten vor dem Theater sein.

Estou procurando...
Ich suche...

Onde fica o banheiro, por favor?
Wo sind die Toiletten bitte?

Sou brasileiro(a)./Sou do Brasil.
Ich bin Brasilianer(in)./Ich komme aus Brasilien.

Desculpe-me, não estou entendendo o(a) sr.(a)...
Entschuldigung, ich verstehe Sie nicht...

Falo só um pouquinho de alemão...
Ich spreche nur ein bisschen Deutsch...

Veja *Indicando o caminho*, p. 69

Expressões usuais
Gängige Redewendungen

Com licença, por favor...
Entschuldigen Sie bitte...

Desculpe!/Perdão!
Entschuldigung!/Verzeihung!

Muito obrigado!
Vielen Dank!/Danke schön!

Não há de quê!
Bitte schön!/Gern geschehen!

É claro!
Selbstverständlich!/ Natürlich!/ Freilich!/ Na klar![1]

1. Informal.

Sério?
Wirklich?/Im Ernst?

Não sei...
Ich weiß es nicht...

Não tenho certeza...
Ich bin mir nicht sicher...

Talvez...
Vielleicht/Eventuell...

Só um minuto, por favor...
Einen Augenblick bitte...

Dialog 1: Wie wird das Wetter heute?

Tourist: *Wie wird das Wetter heute?*
An der Rezeption: *Also, heute morgen war es etwas bewölkt, aber jetzt scheint die Sonne.*
Tourist: *Haben Sie ein Schwimmbad?*
An der Rezeption: *Ja, wir haben ein beheiztes Schwimmbad im ersten Stock mit natürlichem Sonnenlicht und einem sehr schönen Solarium.*
Tourist: *Danke schön für den Tipp!*

Veja a tradução desse diálogo na p. 157

Falando sobre o tempo
Über das Wetter sprechen

Como está o tempo hoje?
Wie ist/wird das Wetter heute?

O céu está claro.
Es ist heiter.

Está ensolarado.
Es ist sonnig.

Está meio/bastante nublado.
Es ist etwas/ziemlich bewölkt.

Está nublado.
Es ist bewölkt/wolkig.

Está calor/frio.
Es ist warm/kalt.

Está muito quente.
Es ist heiß/sehr warm.

Está abafado.
Es ist schwül.

Está ameno.
Es ist mild.

Está friozinho.
Es ist kühl/frostig.

Está fresco.
Es ist frisch.

Está gelado!
Es ist eiskalt!

Está nevando.
Es schneit.

Está ventando.
Es ist windig.

Parece que vai chover logo.
Es regnet vermutlich bald.

Está chuvoso.
Es ist regnerisch.

Está garoando.
Es nieselt.

Está chovendo.
Es regnet.

Está caindo um pé-d'água!
Es gießt in Strömen!

A temperatura: grau célsius
Die Temperatur: Grad Celsius

Está 30 graus célsius.
Es sind dreißig Grad Celsius.

Está muito frio hoje. A temperatura aproximada é de 5 graus célsius abaixo de 0/negativos.

Heute ist es sehr kalt. Die Temperatur beträgt etwa fünf Grad unter Null/minus.

Está quente mesmo hoje, o termômetro está indicando 28 graus!

Es ist wirklich sehr warm heute, das Thermometer zeigt achtundzwanzig Grad an!

DICA 2: LUMINOSIDADE NO VERÃO E NO INVERNO
TIPP 2: HELLIGKEIT IM SOMMER UND IM WINTER

No período do verão (de junho a setembro), os dias são longos e o sol se põe entre 22h e 23h, época, portanto, ideal para uma agenda extensa e muitos passeios por ruas, jardins e parques. Já no outono e no inverno (de outubro a fevereiro), o dia clareia mais tarde, por volta de 8h ou 9h, e escurece cedo, entre 16h e 17h. Além da falta de luz, o frio, o vento, a chuva ou a neve limitam uma permanência longa fora, sendo que museus, castelos, igrejas, lojas, cafés, excursões em ônibus e todos os passeios abrigados do tempo se tornam uma ótima opção. Aliás, esse é o período de maior dedicação ao trabalho nesses países.

A previsão do tempo
Die Wettervorhersage

Qual é a previsão do tempo para hoje/o fim de semana?

Wie ist die Wettervorhersage für heute/das Wochenende?

Hoje vai fazer calor.

Heute wird es ein warmer Tag.

Pode chover à tarde.

Am Nachmittag kann es regnen.

Provavelmente o dia será ensolarado/chuvoso.

Wahrscheinlich wird der Tag sonnig/regnerisch.

A temperatura está subindo/caindo.

Die Temperatur steigt/sinkt.

Como é o tempo no seu país?
Wie ist das Wetter in deinem/Ihrem Land?

Eu vivo em um país tropical, por isso geralmente faz calor.
Ich lebe in einem tropischen Land, daher ist es meistens warm.

Neva no inverno?
Schneit es im Winter?

Faz sol no verão?
Ist es sonnig im Sommer?

Veja *Dica 2: Luminosidade no verão e no inverno*, p. 20

O tempo: como a gente se sente
Das Wetter: wie man sich fühlt

Estou com frio.
Es ist mir kalt.

Estou sentindo frio.
Ich friere.

Estou morrendo de frio.
Es ist mir eiskalt.

Estou com calor (demais).
Es ist mir (zu) warm/heiß.

Está um calor insuportável!
Es ist schrecklich warm!/Es herrscht ein schwüles Wetter.

Qual sua estação do ano preferida?
Welche Jahreszeit gefällt dir/Ihnen am besten?

Prefiro o verão/o inverno/o outono/a primavera.
Ich habe den Sommer/den Winter/den Herbst /den Frühling lieber.

Ruídos na comunicação
Kommunikationsstörungen

Como, por favor? (pedindo para repetir)
Wie bitte?

Desculpe, como? (pedindo para repetir)
Entschuldigung, wie bitte?

Desculpe, o(a) sr.(a) pode repetir, por favor?
Entschuldigung, können Sie das bitte wiederholen?

Poderia falar devagar, por favor?
Könnten Sie bitte langsam sprechen?

Desculpe, não entendi...
Entschuldigung, ich habe nicht verstanden...

Poderia explicar novamente, por favor?
Könnten Sie das bitte noch einmal erklären?

Como se chama isto em alemão? (apontando algo)
Wie heißt das auf Deutsch?

Poderia escrever para mim, por favor?
Könnten Sie mir das bitte aufschreiben/notieren?

Sinto muito, não entendo o que está falando.
Es tut mir leid, ich verstehe nicht, was Sie sagen.

Como se soletra...?
Wie buchstabiert man das?

O(A) sr.(a) pode soletrar isso, por favor?
Können Sie das bitte buchstabieren?

O alfabeto: como se pronuncia
Das Alphabet: wie man es ausspricht

Saber pronunciar as letras do alfabeto alemão pode ser bastante útil em uma viagem internacional de turismo ou negócios. É muito comum, por exemplo, ao fazer o *check-in* no aeroporto ou no hotel, ouvir a pergunta *Wie buchstabiert man...?* (Como se soletra...?) para confirmação de nomes, sobrenomes e outras informações. Portanto, não deixe de treinar ouvindo a pronúncia das letras do alfabeto no CD e aproveite para praticar soletrando as letras de seu nome e sobrenome.

O ALFABETO
DAS ALPHABET

A B C D E F G H I
J K L M N O P Q R
S T U V W X Y Z

Observe também a pronúncia das vogais com trema, ditongos e ß (*ésstzét*) no quadro abaixo:

Vogais com trema, ditongos e ß	Som equivalente em português	Exemplos
ä	*[é]*	*März, spät, @ [ät]*
ö	*não tem equivalente; posicione os lábios para a vogal o, mas emita e*	*Österreich, Köln*
ü	*não têm equivalentes;*	*München, Zürich*
y	*posicione os lábios para a vogal u, mas emita i*	*Odysseus, Rhythmus*
ai	*[ai]*	*Kaiserslautern, Mainz*
ay		*Bayern, Bayreuth*
ei		*Leipzig, Schweiz*
ey		*Loreley, Speyer*
au	*[au]*	*Donau, Lindau*
äu	*[ói]*	*Bäume, Fräulein*
eu		*Deutschland, Europa*
ie	*i longo*	*Kiel, Wien*
ee	*e longo*	*Schnee, See*
ß[1]	*ss*	*Preußen, Straße*

1. Pronuncia-se: ésstzét. Na Suíça essa letra é sempre substituída por ss.

Dialog 2: Können Sie bitte Ihren Namen buchstabieren?

An der Rezeption: *Hallo. Wie ist Ihr Name bitte?*
Tourist: *Albuquerque.*
An der Rezeption: *Können Sie bitte Ihren Namen buchstabieren?*
Tourist: *Natürlich! A - L - B - U - Q - U - E - R - Q - U – E.*
An der Rezeption: *Albuquerque, richtig! Ich brauche eine Unterschrift von Ihnen, hier bitte.*
Tourist: *Ja, gerne!*
An der Rezeption: *Danke schön! Sie bekommen das Zimmer 503. Hier ist Ihr Schlüssel.*
Tourist: *Vielen Dank!*
An der Rezeption: *Wir wünschen Ihnen einen schönen Aufenthalt!*

Veja a tradução desse diálogo na p. 157

CAPÍTULO 2
KAPITEL 2

Avião e outros meios de transporte

Dialog 3: Am Check-in Schalter[1] am Flughafen

Flug LH 9479 nach München, bitte am Flugsteig B15 einsteigen...

Check-in-Angestellte: *Guten Morgen, darf ich bitte Ihren Reisepass und Flugticket haben?*

Tourist: *Ja, bitte schön.*

Check-in-Angestellte: *Danke! Können Sie bitte Ihren Koffer auf die Gepäckwaage stellen?*

Tourist: *Gut!*

Check-in-Angestellte: *Danke! Hier ist Ihre Bordkarte. Das Einsteigen beginnt um 9 Uhr am Flugsteig A60.*

Tourist: *Vielen Dank!*

Check-in-Angestellte: *Bitte schön! Wir wünschen Ihnen einen angenehmen Flug!*

1. Para guichê de *check-in* vários termos são usuais: *Check-in Schalter, Abfertigungsschalter, Abflugschalter* e *Eincheckschalter (CH).*

Veja a tradução desse diálogo na p. 158
Veja *Dica 19: Números*, p. 132

No aeroporto: frases do atendente de *check-in*
Am Flughafen: Sätze des Check-in-Angestellten

Posso ver seu passaporte e sua passagem, por favor?
Darf ich Ihren Reisepass und Ihr Flugticket bitte sehen?
Quantas malas o(a) sr.(a) está levando?
Wie viele Gepäckstücke nehmen Sie mit?
O(A) sr.(a) pode colocar a mala na balança, por favor?
Können Sie Ihren Koffer auf die Gepäckwaage bitte stellen?
O(A) sr.(a) tem bagagem de mão?
Haben Sie Handgepäck?
Alguém desconhecido lhe pediu para levar alguma coisa?
Hat eine unbekannte Person Sie gebeten etwas mitzunehmen?
O(A) sr.(a) deixou sua bagagem sem vigilância em algum lugar do aeroporto?
Haben Sie Ihr Gepäck irgendwo im Flughafen unbeaufsichtigt verlassen?
Sinto muito, mas o(a) sr.(a) tem de pagar por excesso de bagagem.
Es tut mir leid, aber Sie müssen Übergepäck zahlen.
O(A) sr.(a) gostaria de sentar do lado da janela ou do corredor?
Möchten Sie einen Sitz am Fenster oder am Gang?
Aqui está o seu cartão de embarque, o embarque é no portão 23.
Hier ist Ihre Bordkarte, Sie gehen an Bord am Flugsteig 23.
O embarque tem início às 9h.
Das Einsteigen beginnt um 9 Uhr.
Sinto muito, mas o voo está atrasado.
Es tut mir sehr leid, aber der Flug hat Verspätung.
Sentimos muito, mas o voo foi cancelado.
Es tut uns sehr leid, aber der Flug wurde annulliert.
Muito obrigado. Tenha um bom voo!
Vielen Dank. Einen schönen Flug noch!

No aeroporto: frases do passageiro
Am Flughafen: Sätze des Passagiers

O(A) sr.(a) pode me dar um assento na janela/no corredor?
Können Sie mir bitte einen Platz am Fenster/am Gang geben?

Posso levar esta aqui como bagagem de mão?
Darf ich das als Handgepäck mitnehmen?

Quanto é a taxa por excesso de bagagem?
Wie viel ist die Gebühr für Übergepäck?

A que horas começa o embarque?
Um wie viel Uhr beginnt das Einsteigen?

Qual é o portão?
Welcher Flugsteig ist es?

Onde fica o portão...?
Wo ist der Flugsteig ...?

Há algum atraso previsto?
Ist eine Verspätung vorgesehen?

O voo está no horário?
Ist der Flug termingemäß/pünktlich?

Veja *Dica 19: Números*, p. 132

No aeroporto: controle da polícia
Am Flughafen: Polizeikontrolle

Aqui tem líquido, mostre-me, por favor.
Da ist Flüssigkeit, zeigen Sie sie mir bitte.

Aqui tem uma tesoura/um abridor de garrafa/um canivete.
Hier ist eine Schere/ein Flaschenöffner/ein Taschenmesser.

O(A) sr.(a) não pode levar isso.
Das dürfen Sie nicht mitnehmen.

Por favor, deposite isso aqui.
Das müssen Sie hier bitte ablegen.

Desculpe, não sabia disso.
Entschuldigung, das wusste ich nicht.

Como? Por quê?
Wieso? Warum?

No aeroporto: no terminal de embarque

Am Flughafen: Am Flugsteig

Para o voo LH 179 para Berlim-Tegel embarque imediato no portão A53.

Für den Flug LH 179 nach Berlin-Tegel bitte ab sofort am Flugsteig A53 einsteigen.

O embarque para o voo LX 093 começará dentro de 10 minutos.

Das Einsteigen des Fluges LX 093 beginnt in 10 Minuten.

O voo LH 4234 para Paris está com 20 minutos de atraso, pedimos desculpas.

Der Flug LH 4234 nach Paris hat 20 Minuten Verspätung, wir bitten um Verzeihung.

No aeroporto: Vocabulário & expressões em uso

Am Flughafen: Wortschatz & gebräuchliche Ausdrücke

ALFÂNDEGA: ***der Zoll***

Wir müssen jetzt durch den Zoll gehen.

Precisamos passar pela alfândega agora.

ARMÁRIO, GUARDA-VOLUMES: ***das (Gepäck)Schließfach***

Wissen Sie, ob es in diesem Flughafen Schließfächer gibt?

O(A) sr.(a) sabe se neste aeroporto há guarda-volumes?

ATERRISSAR: ***landen/landete/ist gelandet***

Um wie viel Uhr sollen wir landen?

A que horas devemos aterrissar?

Ist der Flug CX 7101 schon gelandet?

O voo CX 7101 já aterrissou?

ATRASO: ***die Verspätung***

Es gab keine Verspätungen. Wir sind an unserem Ziel termingerecht angekommen.

Não houve atrasos. Chegamos ao nosso destino final pontualmente.

BAGAGEM: ***das Gepäck***

Darf ich das als Handgepäck mitnehmen?

Posso levar isto como bagagem de mão?

CARRINHO PARA AS MALAS EM AEROPORTOS: ***der Kofferkuli, der Gepäckwagen***

"Wir brauchen einen Kofferkuli für unsere Koffer!" sagte Michael seinen Freunden sobald sie im Flughafen ankamen.

"Precisamos de um carrinho para colocar as malas!", disse Michael aos amigos assim que chegaram ao aeroporto.

COMISSÁRIO(A) DE BORDO: ***der Steward, die Stewardess, der Flugbegleiter(in)***

Birgit ist Stewardess bei Lufthansa.

Birgit é comissária de bordo na Lufthansa.

COMPARTIMENTO/ARMÁRIO SUPERIOR DO AVIÃO: ***das Gepäckfach, die Gepäckablage (über den Sitzen), das Staufach***

Sie können Ihr Handgepäck ins Gepäckfach des Passagierabteils legen.

O(A) sr.(a) pode colocar sua bagagem de mão no compartimento de bagagem da cabine de passageiro.

DECOLAR: ***starten/startete/ist gestartet, abheben/hob... ab/hat abgehoben***

Ist die Maschine planmäßig gestartet?

O avião decolou no horário previsto?

DECOLAGEM: ***der Abflug, der (Flug)Start, das Abheben***

"Besatzung, den Start vorbereiten!" sagte der Flugkapitän.

"Tripulação, preparar a decolagem!", disse o comandante.

DIFERENÇA DE FUSO HORÁRIO: ***der Zeitunterschied, die Zeitverschiebung***

Welcher Zeitunterschied besteht jetzt zwischen São Paulo und Berlin?

Qual é a diferença de fuso horário entre São Paulo e Berlim agora?

ESCALA: ***die Zwischenlandung***

Wir haben keine Zwischenlandung auf unserem Flug nach München.

Não teremos escalas em nosso voo para Munique.

ESTEIRA PARA RETIRADA DE BAGAGEM: ***die Gepäckausgabe***

Wo ist die Gepäckausgabe?

Onde fica a esteira para retirarmos as malas?

ESTICAR AS PERNAS E OS BRAÇOS: ***die Beine und Arme ausstrecken***

Normalerweise muss ich während langen Flügen aufstehen und meine Beine ausstrecken.

Normalmente preciso levantar e esticar as pernas durante voos longos.

FAZER ESCALA: ***eine Zwischenlandung machen***

Unsere Maschine soll eine Zwischenlandung in Zürich zum Auftanken machen.

Nosso voo deve fazer escala em Zurique para reabastecimento.

LOJAS EM AEROPORTOS QUE VENDEM PRODUTOS MAIS BARATOS PORQUE SÃO ISENTOS DE IMPOSTOS; DUTY-FREE SHOP: ***der Dutyfreeshop***

"Schauen wir uns mal die Preise im Dutyfreeshop an.", sagte Anna ihrem Mann.

"Vamos dar uma olhada nos preços na free shop. ", disse Anna ao marido.

MALA, SACOLA DE VIAGEM: ***der Koffer, die Reisetasche***

Wie viele Koffer möchten Sie einchecken?

Quantas malas o(a) sr.(a) gostaria de registrar?

PERDER UM VOO: ***einen Flug versäumen/verpassen***

Sie sollten sich beeilen sonst versäumen Sie den Flug!

É melhor o(a) sr.(a) se apressar ou vai perder o voo!

SENSAÇÃO DE DESCONFORTO APÓS LONGAS VIAGENS DE AVIÃO CAUSADA PELA DIFERENÇA DE FUSO HORÁRIO E POR PERMANECER DURANTE MUITO TEMPO SENTADO NA MESMA POSIÇÃO; *JET LAG*: ***der Jetlag***

Das Ausstrecken von Armen und Beinen bei Langstreckenflügen hilft den Jetlag schneller zu überwinden.

Esticar pernas e braços durante voos longos ajuda a superar mais rapidamente a sensação de desconforto.

TAXA POR EXCESSO DE BAGAGEM: ***die Gebühr für Übergepäck***

Wir mussten 50 Euro Gebühr für Übergepäck bezahlen.

Tivemos que pagar cinquenta euros de taxa por excesso de bagagem.

VENDER UM NÚMERO MAIOR DE PASSAGENS DO QUE HÁ DE ASSENTOS DISPONÍVEIS; *OVERBOOKING*: ***überbuchen/überbuchte/ist überbucht***

Wir fliegen erst mit dem nächsten Flug. Dieser ist überbucht.

Teremos que ir no próximo voo. Este está lotado.

VISTO: ***das Visum***

Brasilianische Bürger benötigen als Touristen kein Visum, um in Deutschland, Österreich oder in der Schweiz einzureisen.

Cidadãos brasileiros não precisam de visto para entrar como turistas na Alemanha, na Áustria ou na Suíça.

VOO DE CONEXÃO: ***der Anschlussflug***

Um wie viel Uhr startet unser Anschlussflug nach Frankfurt?

A que horas parte o nosso voo de conexão para Frankfurt?

No avião: frases da tripulação

In der Maschine: Ansagen der Besatzung

Bem-vindo(a) a bordo!
Herzlich willkommen an Bord!

Vamos decolar em breve.
Wir heben bald ab.

Apertem os cintos, por favor.
Schnallen Sie sich bitte an!

O(A) sr.(a) pode, por favor, colocar sua bagagem no compartimento/armário superior?
Können Sie bitte Ihr Gepäck ins Gepäckfach legen?

Por favor, desliguem os celulares, laptops e qualquer outro equipamento eletrônico.
Schalten Sie bitte Ihre Handys, Laptops und alle sonstigen elektronischen Geräte aus.

Por favor, mantenham os cintos apertados.
Bleiben Sie bitte angeschnallt.

Por favor, permaneçam sentados.
Bleiben Sie bitte sitzen.

Por favor, fechem suas bandejas.
Klappen Sie bitte Ihre Tische hoch.

Por favor, voltem os assentos para a posição vertical.
Stellen Sie bitte Ihre Sitzlehne wieder senkrecht.

Tripulação, preparar para decolagem!
Besatzung Start vorbereiten!

O(A) sr.(a) gostaria de frango ou carne?
Möchten Sie Hähnchen oder Fleisch?

O que o(a) sr.(a) gostaria de beber?
Was möchten Sie trinken?

Bom dia a todos, aqui é o comandante falando...
Guten Morgen/Tag meine Damen und Herren, hier begrüßt Sie herzlich der Flugkapitän...

Vamos aterrissar no Aeroporto Internacional de Munique/Viena em alguns minutos.
Wir landen in einigen Minuten im Internationalen Flughafen von München/Wien.

A hora local é 8h22.

Die lokale Uhrzeit ist 8 Uhr 22 Minuten.

A temperatura é de 20 graus célsius.

Die Temperatur beträgt 20 Grad Celsius.

Espero que todos tenham tido um voo agradável.

Ich hoffe, Sie hatten einen angenehmen Flug.

Em nome da XYZ Fluggesellschaft, gostaria de agradecê-los cordialmente por voar conosco.

Im Namen der XYZ Fluggesellschaft möchte ich mich herzlich für Ihren Flug mit uns bedanken.

Por favor, verifiquem se não esqueceram nenhum de seus pertences pessoais a bordo.

Bitte vergewissern Sie sich, dass Sie nichts in der Maschine vergessen haben.

Veja *Cardápios – Vorspeisen, Hauptspeisen, Getränke*, p. 84 e *Glossário temático 2: Alimentação*, p. 99

No avião: frases do passageiro
Im Flugzeug: Sätze des Fluggasts

Quanto tempo dura o voo?

Wie lange dauert der Flug?

O(A) sr.(a) pode me trazer um copo d'água, por favor?

Können Sie mir bitte ein Glas Wasser bringen?

Eu poderia ter uma coca/um suco de laranja, por favor?

Könnte ich bitte eine Cola/einen Orangensaft haben?

O(A) sr.(a) pode me trazer lenços de papel, por favor?

Könnten Sie mir bitte Papiertaschentücher bringen?

Está frio demais. O(A) sr.(a) pode diminuir o ar-condicionado?

Es ist zu kalt. Können Sie bitte die Klimaanlage niedriger stellen?

Está quente demais aqui. O(A) sr.(a) pode aumentar o ar-condicionado?

Es ist zu warm hier. Können Sie bitte die Klimaanlage stärker stellen?

Meu fone de ouvido está com defeito.

Mein Kopfhörer ist defekt.

Eu poderia trocar de lugar?
Könnte ich den Sitz wechseln?

O(A) sr.(a) pode me trazer mais um cobertor/travesseiro, por favor?
Können Sie mir bitte noch eine Decke/ein Kopfkissen bringen?

Quanto tempo falta para chegar a Hamburgo/Salzburgo?
Wie lange dauert noch der Flug bis Hamburg/Salzburg?

Qual é a diferença de fuso horário entre São Paulo/Rio e Hamburgo/Salzburgo?
Welcher ist der Zeitunterschied zwischen São Paulo/Rio und Hamburg/Salzburg?

Qual é a hora local em Hamburgo/Salzburgo agora?
Wie spät ist es jetzt in Hamburg/Salzburg?

Não estou me sentindo muito bem.
Ich fühle mich nicht sehr wohl.

Estou com dor de cabeça. O(A) sr.(a) pode me trazer uma aspirina, por favor?
Ich habe Kopfschmerzen. Können Sie mir bitte Aspirin bringen?

Estou me sentindo um pouco tonto(a). O(A) sr.(a) pode me trazer um remédio?
Es ist mir etwas schwindlig. Können Sie mir bitte eine Arznei/ein Medikament dagegen bringen?

Estou com vontade de vomitar. O(A) sr.(a) pode me trazer um saquinho para enjoo?
Ich muss mich erbrechen. Können Sie mir bitte eine Tüte geben?

Imigração & alfândega: perguntas do funcionário
Einreise & Zoll: Fragen des Beamten

Seu passaporte e sua passagem aérea, por favor.
Ihren Reisepass und Ihr Flugticket bitte.

Qual é o motivo da sua visita?
Welcher ist Ihr Reisezweck?

O que o(a) sr.(a) faz?
Was machen Sie beruflich?

Qual é a sua ocupação?
Was ist Ihre Berufstätigkeit?

O(A) sr.(a) preencheu a declaração de alfândega?
Haben Sie die Zollerklärung ausgefüllt?
Esta é sua primeira vez em Viena/Berlim?
Sind Sie zum ersten Mal in Wien/Berlin?
O(A) sr.(a) está viajando sozinho(a)?
Reisen Sie allein?
Quanto tempo pretende ficar?
Wie lange bleiben Sie?
Onde o(a) sr.(a) vai ficar em... ?
Wo wohnen Sie in... ?
Por favor, abra suas malas/sua bagagem.
Machen Sie Ihre Koffer/Ihr Gepäck bitte auf.
O que há nesta sacola?
Was ist in dieser Tasche?
O que é isso?
Was ist das?
O(A) sr.(a) não pode entrar com isso.
Das dürfen Sie nicht einführen.
O(A) sr.(a) precisa pagar as taxas alfandegárias por isso.
Dafür müssen Sie Zoll bezahlen.
Obrigado. Boa estadia!
Danke. Guten Aufenthalt!

Imigração & alfândega: respostas do visitante
Einreise & Zoll: Antworten des Besuchers

Estou aqui a trabalho.
Ich bin auf Geschäftsreise.
Estou aqui para um(a) congresso/palestra.
Ich besuche einen Kongress/Vortrag.
Eu vim para participar de uma reunião/apresentação.
Ich nehme an einer Sitzung/Vorstellung teil.
Eu sou estudante/professor(a)/advogado(a)/médico(a)/engenheiro(a).
Ich bin Student(in)/Lehrer(in)/Rechtsanwalt ("in)/Arzt (Ärztin)/Ingenieur(in).

Estou aqui de férias.
Ich bin hier auf Urlaub.

Estou aqui para estudar.
Ich möchte hier studieren.

Vim visitar um(a) amigo(a)/amigos.
Ich besuche einen Freund/eine Freundin/Freunde.

Vim visitar meus parentes.
Ich besuche meine Verwandtschaft.

Aqui está a declaração de alfândega.
Hier ist die Zollerklärung.

Estou viajando com meu amigo/minha amiga/minha família.
Ich reise mit meinem Freund/meiner Freundin/Familie.

Vou ficar 2 semanas/10 dias.
Ich bleibe 2 Wochen/10 Tage.

Vou ficar no hotel... (nome)/na casa de parentes.
Ich bleibe/wohne im Hotel... (Name)/bei Verwandten.

Isso são pertences pessoais.
Das sind persönliche Sachen.

É um presente.
Das ist ein Geschenk.

São amostras sem valor comercial.
Das sind Muster ohne Wert.

DICA 3: MEIOS DE TRANSPORTE PÚBLICO
TIPP 3: ÖFFENTLICHE VERKEHRSMITTEL

Bilhetes podem ser comprados em máquinas, guichês, às vezes junto ao motorista de ônibus e bonde ou ainda pela internet. O preço depende da distância a ser percorrida e das zonas tarifárias atravessadas.
Em Berlim (BVG[1]) o bilhete para trajetos curtos custa € 1,30 ou € 2,10 para as zonas A e B. Para turistas há passes válidos por 48h (€ 16,90) ou 72h (€ 29,90), que dão direito a um guia e descontos em várias atrações. Bicicletas no metrô pagam passagem também. Ao carimbar o bilhete pela primeira vez inicia-se o prazo pelo qual o bilhete é valido. Sempre que embarcar em um ônibus ou bonde apresente o bilhete ao motorista.
Em Viena (VOR[1]) o bilhete simples custa € 1,80 ou € 2,20 se comprado junto ao motorista, mas há passes de 24h (€ 5,70) e até de

uma semana (€ 14,00), mas estes não incluem descontos.
Em Zurique (VBZ[1]) há o ZürichCARD válido por 24h (SFr. 19) ou 72h (SFr. 38) que garante traslados do aeroporto até a cidade, viagens ilimitadas em ônibus, trens e barcos, entrada livre em muitos museus, drinque de boas-vindas em vários restaurantes e outras vantagens, porém não inclui deslocamentos nas noites e madrugadas de sexta a domingo até as 5h da manhã, pagos à parte como taxa adicional. O cartão deve ser carimbado antes da primeira viagem na máquina de bilhetes ou no poste laranja na plataforma.

MEIOS DE TRANSPORTE

Do aeroporto ao hotel
Vom Flughafen zum Hotel

Como posso chegar até o ponto de táxi/o hotel/o centro/a estação de trem/a estação de metrô?
Wie komme ich zur Taxistelle / zum Hotel / zur Stadtmitte / zum Bahnhof / zur U-Bahnstation?

O(A) sr.(a) pode me dizer como chegar ao... ?
Können Sie mir bitte sagen, wie ich bis zum/zur... komme?

Como posso ir daqui até... ?
Wie komme ich von hier nach... ?

Qual é a distância?
Wie weit ist es?

São quantos quarteirões até lá?
Wie viele Straßen sind es bis dahin?

Dá para chegar lá de ônibus/metrô?
Kann man mit dem Bus/der U-Bahn dahin kommen?

Dá para ir de ônibus?
Kann man mit dem Bus hinfahren?

Há uma estação de metrô perto?
Gibt es eine U-Bahnstation in der Nähe?

Onde é o ponto de ônibus mais próximo?
Wo ist die nächste Bushaltestelle?

1. BVG (Berlim), VOR (Viena), VBZ (Zurique) são as abreviações das companhias de transporte público dessas cidades. Para mais informações, procure na internet a sigla seguida do nome da cidade.

Há uma estação de trem perto daqui?
Ist ein Bahnhof hier in der Nähe?

É muito longe para ir a pé?
Ist es sehr weit zu Fuß?

O(A) sr.(a) pode chamar um táxi para nós?
Können Sie uns bitte ein Taxi bestellen?

Onde posso pegar um táxi?
Wo kann ich ein Taxi nehmen?

Onde posso alugar um carro?
Wo kann ich bitte ein Auto mieten?

Onde pode-se estacionar o carro?
Wo kann man das Auto parken?

Veja *Indicando o caminho*, p. 69

Pegando um táxi
Ein Taxi nehmen

O(A) sr.(a) pode me levar para o hotel (nome)?
Können Sie mich bitte zum Hotel (Name) fahren?

Preciso ir para o hotel (nome).
Ich muss zum Hotel (Name).

Fica longe daqui?
Liegt es weit von hier?

Quanto é uma corrida até...?
Wie viel kostet die Fahrt bis...?

O(A) sr.(a) pode me levar ao aeroporto/centro de convenções/centro/à avenida Kurfürstendamm 98?
Können Sie mich bitte zum Flughafen/zum Messegelände/ins Zentrum/an den Kurfürstendamm 98 bringen?

Quanto tempo leva a corrida partindo daqui?
Wie lange dauert die Fahrt von hier aus?

Qual a distância até... ?
Welche ist die Entfernung bis... ?

Quanto tempo leva para chegar daqui até... ?
Wie lange braucht man von hier bis zur/zum... ?

O(A) sr.(a) conhece algum atalho daqui?
Kennen Sie irgendeine Abkürzung von hier aus?

O trânsito é ruim neste horário?
Ist der Verkehr um diese Zeit schlecht?

O(A) sr.(a) pode, por favor, parar/esperar aqui?
Können Sie bitte hier anhalten/warten?

Quanto lhe devo (pela corrida), por favor?
Wie viel bin ich Ihnen (für die Fahrt) schuldig, bitte?

Fique com o troco.
Stimmt so.

Veja *Dica 14: Gorjeta & serviço*, p. 83

MEIOS DE TRANSPORTE

Dialog 4: Ein Auto mieten

Angestellte: *Hallo! Was kann ich für Sie tun?*
Tourist: *Hallo! Wir möchten ein Auto für eine Woche mieten.*
Angestellte: *Aber sicher. Was für ein Auto haben Sie sich vorgestellt?*
Tourist: *Also wir brauchen ein Auto mit einem großen Kofferraum. Wir haben vier Koffer.*
Angestellte: *Gut, ich verstehe. Ich schaue im Computer mal nach, was wir noch zur Verfügung haben.*
Tourist: *Schön, vielen Dank! Übrigens, dazu hätten wir gern eine Vollkaskoversicherung bitte.*
Angestellte: *Selbstverständlich.*

Veja a tradução desse diálogo na p. 158

DICA 4: ZONAS URBANAS DE PROTEÇÃO AMBIENTAL: SELO VERDE
TIPP 4: UMWELTZONEN: GRÜNE PLAKETTE

Palavras-chave: *Umweltzone* e *(Feinstaub) Plakette*. Desde 2008 estão sendo implantadas progressivamente zonas urbanas de proteção ambiental na Alemanha. Para circular nessas áreas, especialmente no centro de cidades grandes, os veículos devem ter no para-brisa um selo vermelho ou amarelo (motor a diesel, dependendo do nível de emissão de partículas do veículo) ou verde (motor a gasolina com catalisador) e carros sem selo não podem circular nessas áreas. O adesivo classifica os veículos segundo sua emissão de micropartículas, sendo o objetivo diminuir a concentração dessas micropartículas nos centros urbanos. As restrições ainda variam de cidade para cidade. Ao alugar um carro peça um com o selo verde para circular livremente, principalmente se estiver chegando de outro país da Europa. Na Alemanha o selo é obrigatório mesmo para carros estrangeiros e de aluguel.

Alugando um carro: frases do atendente da locadora
Ein Auto mieten: Sätze des Angestellten

Que tamanho de carro o sr. gostaria?
Wie groß wünschen Sie sich das Auto?

Que tipo de carro o sr. gostaria?
Was für ein Auto möchten Sie?

Que tipo de carro o sr. precisa?
Was für ein Auto brauchen Sie?

Temos as seguintes categorias: minicarros padrão, carros econômicos padrão, minivans, carros médios, de luxo, modelos perua, 4x4 e SUVs.
Wir haben folgende Kategorien: Standard Minis, Standard Economy, Compact, Mittelklasse, Luxus Wagen, Kombis, 4x4 und SUVs.

O(A) sr.(a) gostaria de um carro com GPS?
Möchten Sie ein Auto mit GPS[1]?

Um instante, por favor, vou checar o que ainda está livre/disponível.
Einen Augenblick bitte, ich schaue mal nach, was noch frei/verfügbar ist.

Qual a sua nacionalidade?
Welche ist Ihre Staatsangehörigkeit?/Woher kommen Sie?

Quem é o motorista?
Wer ist der Autofahrer?

Quantas pessoas vão dirigir?
Wie viele Personen fahren das Auto?

Posso ver sua carteira de motorista, por favor?
Darf ich Ihren Führerschein bitte sehen?

Por quanto tempo o(a) sr.(a) vai alugar o carro?
Wie lange möchten Sie den Wagen mieten?

O total fica em 300 euros.
Alles zusammen macht 300 Euro.

O tanque está cheio. Na devolução o(a) sr.(a), por favor, complete o tanque.
Der Benzintank ist voll. Bei der Abgabe tanken Sie bitte wieder voll.

O(A) sr.(a) precisa devolver o carro no dia 16 até as 16h.
Sie müssen das Auto am 16.[2] bis 16 Uhr zurückbringen.

Cobramos uma taxa de 7 euros a cada 3h de atraso.
Wir erheben eine Gebühr von 7 Euro alle 3 Stunden Verspätung.

Veja *Seleção de placas de trânsito da Alemanha*, p. 51

MEIOS DE TRANSPORTE

1. GPS: abreviação de *Global Positioning System* ou, em alemão, *Globales Positionsbestimmung System*, aparelho de localização via satélite que informa o motorista como chegar a um destino. Em alemão é conhecido de forma geral por *Navigationssystem* ou *Navi*.
2. *am 16. (sechzehn**ten**)* é "no dia 16": em alemão o dia do mês é representado por um ordinal, indicado pelo ponto após o número. De 1 a 19 os ordinais recebem ***-ten*** no final e de 20 em diante ***-sten***. Por exemplo: *Heute haben wir den 21. (einundzwanzig**sten**)*. (Hoje temos dia 21.)

Alugando um carro: frases do turista
Ein Auto mieten: Sätze des Touristen

Gostaria de alugar um minicarro/econômico de 3 portas/médio/de luxo.
Ich möchte ein Miniauto/einen 3-türigen Kleinwagen/ein Mittelklassenfahrzeug/ein Luxusauto mieten.

Gostaríamos de alugar um carro por uma semana.
Wir möchten ein Auto für eine Woche mieten.

Quanto custa por dia/semana?
Was kostet es pro Tag/pro Woche?

Precisamos de um carro tipo perua/uma van/uma picape.
Wir brauchen einen Kombiwagen/einen Compactwagen/einen Geländewagen.

Precisamos de um carro com porta-malas grande.
Wir brauchen ein Auto mit großem Kofferraum.

Gostaríamos de um carro com 5 portas.
Wir hätten gern einen 5-Türer.

O(A) sr.(a) tem algum carro conversível?
Haben Sie ein Cabrio?

Eu gostaria de um carro com câmbio mecânico/automático.
Ich hätte gern ein Auto mit Schaltgetriebe/automatischem Getriebe.

Eu queria um carro com GPS.
Ich hätte gern einen Wagen mit GPS[1]/Navigationssystem.

Qual é o custo adicional do GPS?
Wie viel kostet das GPS[1] zusätzlich?

Um segundo motorista está incluído no preço?
Ist ein Zweitfahrer im Preis enthalten?

A minha carteira de motorista é válida aqui?
Ist mein Führerschein hier gültig?

Quanto custa o seguro?
Wie viel kostet die Versicherung?

Que tipo de seguro é esse?
Was für eine Versicherung ist das?

O que o seguro cobre?
Was wird mit dieser Versicherung gedeckt?

1. Veja nota sobre *GPS*, p. 41

Gostaríamos de cobertura total.
Wir möchten einen vollen Versicherungsschutz.

Gostaríamos de cobertura total sem/com franquia.
Wir möchten eine Vollkaskoversicherung ohne/mit Selbstbeteiligung (Vollkasko ohne/mit SB).

O tanque está cheio?
Ist der Benzintank voll?

A quilometragem é ilimitada?
Sind die Kilometer unbegrenzt?

Tem algum limite na quilometragem?
Gibt es eine Kilometerbegrenzung?

O(A) sr.(a) teria um mapa de ruas de Berlim/Basileia?
Hätten Sie einen Straßenplan von Berlin/Basel?

Onde podemos devolver o carro?
Wo können wir den Wagen zurückgeben?

Podemos devolver o carro em Frankfurt/Viena?
Können wir das Auto in Frankfurt/Wien zurückgeben?

Esta rodovia tem limite de velocidade?
Gibt es Tempolimit auf dieser Autobahn?

Esta(e) estrada/trecho é pedagiada(o)?
Ist diese Autobahn/Strecke mautpflichtig?

O que devemos fazer se o carro quebrar?
Was sollen wir machen, wenn das Auto eine Panne hat?

O que devemos fazer se o carro for roubado?
Was sollen wir machen, wenn das Auto gestohlen wird?

O que acontece se o carro tiver um dano?
Was passiert, wenn das Auto einen Schaden hat?

O que acontece se formos multados por excesso de velocidade?
Was passiert, wenn wir einen Strafzettel wegen Geschwindigkeitsüberschreitung bekommen?

Veja *Seleção de placas de trânsito da Alemanha*, p. 51 e *Dica 8: Rodovias sem limite de velocidade?*, p. 57

DICA 5: PREFERÊNCIAS NO TRÂNSITO
TIPP 5: VORFAHRTSREGELN IM VERKEHR

Dirigir em outro país é um desafio, especialmente na primeira vez, por isso respeite a sinalização e observe algumas práticas:

1. A primeira preferência é do bonde e do trem, em segundo vem o pedestre, em terceiro a bicicleta, e, por fim, os carros.

2. Em um cruzamento a preferência é sempre de quem estiver à sua direita. A lei diz: *rechts vor links* (direita antes da esquerda).

3. Em uma rotatória a preferência é de quem está nela. Para entrar aguarde e não acione o pisca-pisca, use-o apenas para indicar sua saída da rotatória. É proibido atravessá-la pelo centro, parar ou dar ré.

4. Cuidado ao consumir bebida alcoólica: o limite de concentração alcoólica no sangue *(Blutalkoholkonzentration - BAK)* é de 0,5 ‰ *(Promille)*. Porém, em um acidente, uma concentração de 0,3 ‰ já é suficiente para ser condenado a multa e perda de pontos. Por precaução, pode-se checar como esse limite é atingido rapidamente no site *http://www.umrechnung.org/blut-alkohol-konzentration/blutalkohol-promille-rechner.htm*.

No posto de gasolina
An der Tankstelle

Vamos parar no próximo posto de gasolina.
Wir halten an der nächsten Tankstelle.

Aqui só tem gasolina sem chumbo.
Hier gibt es nur bleifreies Benzin.

Onde posso completar com diesel/álcool/gasolina?
Wo kann ich Diesel/Ethanol/Benzin tanken?

Onde pode-se trocar o óleo, por favor?
Wo kann man bitte das Öl wechseln?

Onde pode-se checar os pneus, por favor?
Wo kann man bitte die Reifen kontrollieren?

Onde pode-se lavar o para-brisa, por favor?
Wo kann man bitte die Windscheiben waschen?

Pode completar, por favor?
Bitte volltanken!

Bomba 4, por favor!
Zapfsäule 4, bitte!

Quanto deu tudo?
Wie viel macht alles zusammen?

O(A) sr.(a) pode me informar como chegar até... ?
Können Sie mir bitte sagen, wie ich bis/nach ... komme?

Veja *Perguntas e expressões úteis*, p. 16; *Indicando o caminho*, p. 69 e *Dica 19: Números*, p. 132

DICA 6: NO POSTO DE GASOLINA: AUTOATENDIMENTO
TIPP 6: AN DER TANKSTELLE: SELBSTBEDIENUNG (SB)

Muito raramente há um frentista *(Tankwart)* para encher o tanque. Pare ao lado da bomba, encha seu tanque e depois pague na cabine ou no caixa da loja de conveniência indicando o número da bomba *(Zapfsäule, Säule)*. Ali pode-se pedir uma lavagem automática do carro *(die Autowäsche, die Waschstraße)*. Você pode verificar o nível do óleo *(Ölstand prüfen)* e da água do reservatório do para-brisa *(das Scheibenwischwasser überprüfen)* ou aspirá-lo *(staubsaugen)*.

Problemas com o carro
Probleme mit dem Auto

Não está pegando.
Der Motor springt nicht an.

Estamos com um pneu furado.
Wir haben einen Platten/eine Reifenpanne.

Vou pegar o macaco e levantar o carro.
Ich hole den Wagenheber und hebe das Auto an.

Agora pegue o estepe.
Jetzt bring mir bitte den Ersatzreifen.

O carro quebrou.
Das Auto ist kaputt/hat eine Panne.

Parece haver algo errado com o/a...
Etwas scheint nicht in Ordnung mit dem/der... zu sein.

Precisamos chamar um guincho.
Wir müssen den Abschleppdienst rufen.

O carro vai ter de ser guinchado para a oficina mais próxima.
Das Auto muss bis zur nächsten Werkstatt abgeschleppt werden.

Tranquei o carro com as chaves dentro.
Ich habe die Schlüssel im Auto eingesperrt.

Nosso veículo foi danificado.
Unser Auto wurde beschädigt.

Nós batemos o carro.
Wir haben das Auto angestoßen.

O carro está morrendo.
Der Motor stirbt ab.

O motor está esquentando.
Der Motor läuft heißt.

O freio não está funcionando direito.
Die Bremsen funktionieren nicht richtig.

A bateria precisa ser recarregada.
Die Batterie muss aufgeladen werden.

Parece haver um problema com a caixa de câmbio.
Da scheint ein Problem mit dem Getriebe zu sein.

Está vazando óleo.
Es verliert Öl.

Tem alguma oficina aqui perto?
Ist eine Werkstatt hier der Nähe?

Quanto tempo o sr. vai levar para o conserto?
Wie lange brauchen Sie für die Reparatur?

DICA 7: SISTEMA DE CARONAS COMPARTILHADAS
TIPP 7: MITFAHRGELEGENHEIT

Na Alemanha, Áustria e Suíça há agências que organizam as ofertas *(Angebote)* e as procuras *(Gesuche)* por caronas de longa e curta distância. Elas são registradas por cidades de saída ou de destino nesses países ou pela Europa toda. O dono do carro oferece os lugares disponíveis de seu veículo em troca de um determinado valor pelo trajeto. O valor pode ser calculado de duas formas: a) custo variável em função do número de passageiros: custo da gasolina + 10% dividido pelo número de passageiros; b) custo fixo por pessoa de € 5 a € 7 a cada 100 km. O dono do veículo também determina o local de encontro e o horário de partida. Esse sistema barateia a viagem para todos, poupa o meio ambiente e permite conhecer novas pessoas.
Eis alguns sites de agências: *www.mitfahrgelegenheit.de, www.drive-2day.de, www.car2gether.de, http://www.liftpool.net/profisuche.cfm, www.mifaz.de*.

Viajando de carro: Vocabulário & expressões em uso
Mit dem Auto reisen: Wortschatz & gebräuchliche Ausdrücke

ACOSTAMENTO: ***der Seitenstreifen, die Standspur, der Pannenstreifen (A, CH)***

Der Fahrer hat auf der Standspur gehalten, um sein defektes Auto zu prüfen.

O motorista parou no acostamento para checar o que estava errado com o carro.

ATALHO: ***die Abkürzung, der Abkürzungsweg***

Kennst du irgendeine Abkürzung?

Você conhece algum atalho?

COLIDIR, BATER (VEÍCULOS): ***zusammenstoßen, kollidieren***

Jürgen ist ein sehr guter Fahrer. Er ist nie mit seinem Auto zusammengestoßen.

Jürgen é um ótimo motorista. Nunca bateu seu carro.

COLISÃO, BATIDA (VEÍCULOS): ***der Zusammenstoß, die Kollision***

Diese Autobahn ist sehr gefährlich. Da passieren immer wieder Zusammenstöße.

Essa estrada é muito perigosa. Lá sempre acontecem acidentes.

COLISÃO, BATIDA SEM MAIORES CONSEQUÊNCIAS: ***der leichte Unfall***

Wegen einem leichten Unfall kam heute morgen der Verkehr ins Stocken.

Por causa de uma batida leve o trânsito parou esta manhã.

CONGESTIONAMENTO, ENGARRAFAMENTO: ***der Stau***

Wir sind wegen dem Stau verspätet angekommen.

Chegamos atrasados por causa do congestionamento.

CONGESTIONAR, PARAR (TRÂNSITO): ***sich stauen/staute sich/hat sich gestaut, zum Stillstand kommen***

Der Verkehr auf der Hauptstraße kommt zum Stillstand.

O trânsito na avenida principal está parando.

CRUZAMENTO DE RUAS: ***die Staßenkreuzung***

Vorsicht mit der Straßenkreuzung!

Cuidado com o cruzamento!

DESVIO: ***die Umleitung***

Fahr langsamer, bald kommt eine Umleitung!

Diminua a velocidade, logo vem um desvio!

ENGAVETAMENTO: ***der Auffahrunfall, die Massenkarambolage/Massenkollision***

Wegen dem Nebel auf der Autobahn ist eine Massenkarambolage passiert.

Por causa da neblina na rodovia aconteceu um megaengavetamento.

ESTEPE, PNEU SOBRESSALENTE: ***der Ersatzreifen***

Wissen Sie, wo sich der Ersatzreifen in diesem Wagen befindet?

O(A) sr.(a) sabe onde fica o estepe neste carro?

FICAR PRESO NO TRÂNSITO: ***im Stau stecken***

Entschuldigung für die Verspätung, ich steckte im Stau!

Desculpe o atraso, fiquei preso no trânsito!

HORA DO RUSH: ***die Hauptverkehrszeit, die Stoßzeit (A, CH), die Rushhour***

Ist der Verkehr immer so stark um die Hauptverkehrszeit?

O trânsito é sempre pesado assim no horário do rush?

LOMBADA, QUEBRA-MOLAS: ***die Bodenschwelle***

Vorsicht mit der Bodenschwelle da vorne!

Cuidado com a lombada à frente!

MULTA DE TRÂNSITO: ***der Strafzettel, die Geldstrafe, die Geldbuße (CH)***

Pass bitte auf das Tempolimit auf! Du willst doch keinen Strafzettel bezahlen, oder?

Tome cuidado com o limite de velocidade! Você não quer pagar uma multa, quer?

OFICINA MECÂNICA: ***die (Auto)Werkstatt, die Kfz-Werkstatt***

Wissen Sie, wo hier die nächste Werkstatt liegt?

O(A) sr.(a) sabe onde fica a oficina mecânica mais próxima?

PEDÁGIO: ***die Maut***

In Deutschland gibt es für PKWs keine Mautgebühren.

Na Alemanha não há taxas de pedágio para carros de passeio.

PISTA, FAIXA À ESQUERDA/DIREITA: ***der Fahrstreifen, die linke/rechte Fahrspur***

Die linke Fahrspur dient zum Überholen.

A faixa da esquerda serve para ultrapassar.

PLACA DE CARRO: ***das Autokennzeichen, das Nummernschild***

Welches ist das Autokennzeichen?

Qual é a placa do carro?

PNEU FURADO: ***die Reifenpanne, einen Platten haben***

Ach nein, wir haben einen Platten!

Ah não, estamos com um pneu furado!

RUA DE MÃO ÚNICA: ***die Einbahnstraße***

Sie dürfen hier nicht links abbiegen. Das ist eine Einbahnstraße.

O(A) sr.(a) não pode virar à esquerda aqui. É uma rua de mão única.

SELO-PEDÁGIO: ***die (Autobahn)Vignette***

In Österreich und in der Schweiz braucht man eine gültige Vignette auf den Autobahnen.

Na Áustria e na Suíça é necessário ter um selo-pedágio válido nas rodovias.

SAÍDA: ***der Ausgang***

Wir müssen den Ausgang 5 nehmen. Es ist wahrscheinlich der Nächste.

Temos de pegar a saída 5. Deve ser a próxima.

SEMÁFORO: ***die (Verkehrs)Ampel***

Achtlose Fahrer beachten nicht immer die Ampeln.

Motoristas desatentos nem sempre respeitam os semáforos.

1. NA CIDADE

PLACA DE RUA

RUA DE MÃO ÚNICA

RUA SEM SAÍDA

ZONA DE PEDESTRE

FIM DA ZONA DE PEDESTRE

CALÇADA E CICLOVIA SEPARADAS

CICLOVIA

CRIANÇAS BRINCANDO NA RUA

TRAVESSIA DE PEDESTRE

PASSAGEM PROIBIDA PARA PEDESTRES

PASSAGEM PROIBIDA PARA BICICLETAS

ACESSO PROIBIDO A VEÍCULOS

PARADA DE ÔNIBUS OU BONDE

PONTO DE TÁXI

ZONA DE PROTEÇÃO AMBIENTAL

SELOS PERMITIDOS NA ZONA DE PROTEÇÃO AMBIENTAL

FIM DA ZONA DE PROTEÇÃO AMBIENTAL

VELOCIDADE MÁXIMA PERMITIDA NESTA ÁREA

FIM DA RESTRIÇÃO DE VELOCIDADE

VELOCIDADE MÁXIMA PERMITIDA

VELOCIDADE MÍNIMA

FIM DA RESTRIÇÃO DE VELOCIDADE

PROIBIDO PARAR

PROIBIDO ESTACIONAR

ESTACIONAMENTO

ESTACIONAMENTO NAS VAGAS INDICADAS POR 2H COM USO DO PARQUÍMETRO

ENTRADA PROIBIDA

RETORNO PROIBIDO

SIGA À DIREITA

CONVERSÃO SOMENTE À DIREITA

SIGA EM FRENTE OU VIRE À DIREITA
(CONVERSÃO À ESQUERDA PROIBIDA)

ROTATÓRIA

PREFERÊNCIA DO CONTRAFLUXO

DESVIO

SETA VERDE - CONVERSÃO À DIREITA PERMITIDA NO FAROL VERMELHO DESDE QUE RESPEITE A PREFERÊNCIA DOS VEÍCULOS E DOS PEDESTRES NO SINAL VERDE

NO CRUZAMENTO ADIANTE A PREFERÊNCIA É DE QUEM ESTIVER NA VIA COM ESTA PLACA

RUA PREFERENCIAL

FIM DA PREFERÊNCIA

CRUZAMENTO COM PREFERÊNCIA PARA O VEÍCULO QUE CHEGAR À DIREITA

PERIGO

2. NAS ESTRADAS E RODOVIAS

PLACA INDICADO UMA ESTRADA ESTADUAL (BUNDESSTRAßE)

PLACA INDICANDO NÚMERO DE UMA RODOVIA (AUTOBAHN)

PLACA INDICANDO UMA RODOVIA QUE INTERLIGA OS PAÍSES DA COMUNIDADE EUROPEIA

INDICAÇÃO DO INÍCIO DA RODOVIA

INDICAÇÃO DE DIREÇÕES NA RODOVIA

SINALIZAÇÃO DE OBRAS E DIREÇÃO A SEGUIR

FORMAÇÃO DE GELO NA PISTA (NO INVERNO, MAS TAMBÉM LOGO CEDO NA PRIMAVERA E NO OUTONO)

SAÍDA DA RODOVIA

FIM DE TODAS AS RESTRIÇÕES ANTERIORES

Para consultar todas as placas da Alemanha, Áustria e Suíça acesse os links abaixo:

Alemanha: http://de.wikipedia.org/wiki/bildtafel_der_verkehrszeichen_in_deutschland

Áustria: http://www.wien.gv.at/verkehr/verkehrszeichen/

Suíça: http://www.linker.ch/eigenlink/verkehrsschilder_verkehrszeichen.htm

Dica 8: Rodovias sem limite de velocidade?
Tipp 8: Autobahnen ohne Tempolimit?

Sim, na Alemanha, há apenas uma recomendação geral para se trafegar a 130 km/h. No entanto toda limitação de velocidade torna-se obrigatória e ocorre por conta do mau tempo, de obras, da proximidade de áreas urbanas, com consequente adensamento do tráfego, do traçado da pista e de acidentes. Ao avistarem as placas de velocidade os motoristas desaceleram ou freiam para adequar a velocidade. Os motoristas alemães costumam trafegar pela faixa da direita, deixando a da esquerda livre para ultrapassagens, sempre sinalizadas com a seta. Ao mudar de pista é importante avaliar pelo retrovisor a distância e a velocidade do carro que estiver na pista da esquerda, pois, como não há limite de velocidade, esse carro, mesmo estando longe, pode aproximar-se em questão de segundos!
Não há pedágios na Alemanha. Ao longo das rodovias há áreas para descanso, *Raststätte* (D) e *Raststation* (A), com posto de gasolina, restaurantes e banheiros. Mensagens de rádio interrompem o programa da estação ou mesmo ligam o rádio se este estiver desligado para dar um boletim sobre as condições das rodovias, como congestionamentos, acidentes e as alternativas possíveis. Congestionamentos próximos às cidades nas horas do rush são rotina. Na Áustria e na Suíça os limites de velocidade são 130 km/h e 120 km/h respectivamente. O pedágio na Áustria é cobrado por meio de um selo adesivo *(Vignette)* de validade variável de 10 dias a 12 meses, e na Suíça o selo *(Vignette)* tem validade anual. Alguns pedágios são cobrados à parte na passagem de túneis ou de estradas nos Alpes.

Glossário temático 1: O automóvel
Thematisches Glossar 1: Das Auto

Acelerador: *das Gaspedal*
Air bag: *der Airbag*
Amortecedor: *der Stoßdämpfer*
Ar-condicionado: *die Klimaanlage, die Klimatisierung*
Assento para criança: *der Kindersitz*
Bagageiro: *der Dachgepäckträger*
Banco do motorista: *der Autofahrersitz*
Banco do passageiro: *der Beifahrersitz, der Passagiersitz*
Bateria: *die Batterie*
Breque/freio: *die Bremse, das Bremspedal*
Breque/freio de mão: *die Handbremse*
Buzina: *die Hupe*
Buzinar: *hupen/hupte/hat gehupt*
Calota: *die Radkappe, der Nabendeckel*
Câmbio: *das Schaltgetriebe*
Capô: *die Motorhaube*
Carteira de motorista: *der Führerschein*
Chapa: *das Autokennzeichen,*

MEIOS DE TRANSPORTE

das Nummernschild
Cinto de segurança: *der Sicherheitsgurt*
Combustível: *der Treibstoff, der Kraftstoff*
Dano: *der Schaden*
Devolução: *die Erstattung*
Direção: *das Lenkrad, das Steuerrad*
Direção hidráulica: *die Servolenkung*
Embreagem: *der Schaltknüppel, der Schalthebel, der Ganghebel*
Embreagem (pedal): *die Kupplung*
Escapamento: *der Auspuff, das Abgasrohr*
Espelho retrovisor externo: *der Seitenspiegel*
Espelho retrovisor interno: *der Rückspiegel*
Este carro funciona com gasolina/álcool/diesel/eletricidade.: *Dieses Auto wird mit Benzin/Ethanol/Diesel/Elektrizität betrieben.*
Estepe: *der Ersatzreifen, der Reservereifen*
Faróis dianteiros: *der Frontscheinwerfer*
Franquia: *die Selbstbeteiligung*
Funilaria: *die Karosserie*
Gasolina: *das Benzin, der Sprit (informal)*
Injeção eletrônica: *die Kraftstoffeinspritzung*
Lava rápido: *die Autowäsche*
Levantar o carro: *das Auto aufbocken*
Limpadores de para-brisa: *der Scheibenwischer*
Local de entrega do veículo: *die Rückgabe*
Local de retirada do veículo: *der Abholort*
Luz de freio: *das Bremslicht*
Macaco: *der Wagenheber*
Marcha: *der Gang*
Marcha a ré: *der Rückwärtsgang*
Oficina: *die Werkstatt*
Painel: *das Armaturenbrett*
Para-brisa: *die Windschutzscheibe*
Para-choque: *die Stoßstange*
Pisca-pisca: *der Blinker*
Pneu: *der Reifen*
Pneu sobressalente: *der Ersatzreifen, der Reservereifen*
Porta-luvas: *das Handschuhfach*
Porta-malas: *der Kofferraum*
Pressão: *der Druck*
Quilometragem: *der Kilometerstand, der Tachostand*
Quilometragem limitada: *die Kilometerbegrenzung*
Radiador: *der Kühler*
Regulagem do motor: *den Motor abstimmen*
Revisão: *die Überholung, die Wartung*
Roda: *das Rad*
Tanque: *der Benzintank*
Teto solar: *das Schiebedach*
Triângulo: *das Warndreieck*
Trocar de marcha: *den Gang wechseln*
Trocar o pneu: *den Reifen auswechseln*
Vela (de ignição): *die Kerze, die Zündkerze*
Velocímetro: *der Tacho(meter), der Geschwindigkeitsanzeiger*
Volante: *das Lenkrad, das Steuerrad*

CAPÍTULO 3
KAPITEL 3

Acomodação & hospedagem

Reservando um quarto de hotel por telefone
Ein Hotelzimmer per Telefon buchen

Gostaria de reservar um quarto simples/duplo para a semana do...
Ich möchte ein Einzelzimmer/Doppelzimmer für die Woche vom... buchen.

Gostaria de reservar um quarto para três noites.
Ich möchte ein Einzelzimmer/Doppelzimmer für drei Nächte reservieren.

Os srs. têm quartos disponíveis para a segunda semana de setembro?
Haben Sie freie Zimmer für die zweite Septemberwoche?

Quanto é a diária para uma pessoa/um casal?
Was kostet die Übernachtung im Einzelzimmer/Doppelzimmer?

A diária para um casal/uma pessoa é ...
Die Übernachtung für ein Ehepaar/eine (einzelne) Person beträgt...

O café da manhã está incluso?
Ist das Frühstück inklusive?

Isso já inclui o café da manhã.
Da ist das Frühstück schon inbegriffen.

Os srs. aceitam todos os cartões de crédito?
Akzeptieren Sie alle Kreditkarten?

Aceitamos Visa, MasterCard e American Express.
Wir nehmen Visa, MasterCard und American Express.

Desculpe, estamos lotados.
Es tut uns leid, wir sind ausgebucht.

O(A) sr.(a) pode recomendar um(a) outro(a) hotel/pousada próximo(a)?
Können Sie uns ein anderes Hotel/einen anderen Gasthof in der Nähe empfehlen?

O(A) sr.(a) sabe se há um albergue da juventude na cidade?
Wissen Sie, ob es eine Jugendherberge in der Stadt gibt?

O(A) sr.(a) tem site na internet?
Haben Sie eine Internetseite?

DICA 9: ACESSO À INTERNET
TIPP 9: INTERNETZUGANG

Na Alemanha o acesso à internet em locais públicos é pago e disponível em hotéis, cafés, aeroportos, estações de trem, lavanderias, centros de convenções e postos em rodovias. Porém pontos de acesso gratuito por *wi-fi*, wlan ou ainda *hotspots*, como também são conhecidos, estão cada vez mais presentes em redes de fast-food e variam bastante no formato. No McDonald's, por exemplo, o acesso é gratuito por até 1h na Alemanha e por tempo ilimitado na Suíça e na Áustria. Já os cafés Starbucks oferecem 30 minutos de acesso livre na Áustria e 2h na Alemanha. Para localizar outros pontos *wi-fi* veja os links: *http://www.freie-hotspots.de/*(Alemanha, Áustria e Suíça por cidades com mapa de localização), *http://www.wlanmap. com/*(Europa e no mundo).
Veja *Dica 11: Voltagem* 230 V, p. 64

Acomodações e instalações
Unterkünfte und Einrichtungen

Como estão equipados os quartos?
Wie sind die Zimmer ausgestattet?

Os srs. têm quartos com cama de casal grande?
Haben Sie Zimmer mit großem Doppelbett?

Os srs. têm quartos com banheira/ducha?
Haben Sie Zimmer mit Badewanne/Dusche?

Os quartos têm TV a cabo/por satélite?
Haben die Zimmer Kabelfernseher/Satellitenfernseher?

Os srs têm internet de banda larga/acesso gratuito à internet?
Haben Sie DSL-Internetanschluss[1]/kostenlosen Internetzugang?

Tem minifrigobar/ar-condicionado/cofre no quarto?
Ist eine Minibar/Klimaanlage/ein Safe im Zimmer?

Tem secador de cabelo/espelho para maquiagem no banheiro?
Ist ein Haartrockner/ein Schminkspiegel im Badezimmer?

Tem tábua com ferro de passar no quarto?
Ist ein Bügelbrett mit Bügeleisen im Zimmer?

O hotel tem piscina/sauna/aparelhos de ginástica/sala de massagem?
Hat das Hotel ein Schwimmbad/eine Sauna/Fitnessgeräte/einen Massageraum?

Tem hidromassagem/sala de ginástica/área de relaxamento?
Gibt es einen Whirlpool/ein Fitnesscenter/einen Wellnessbereich?

ACOMODAÇÃO & HOSPEDAGEM

O *check-in* no hotel
Die Anmeldung im Hotel

Posso ajudar?
Kann ich Ihnen helfen?

Sim, tenho uma reserva em nome de Silva, Pedro Silva.
Ja, ich habe eine Reservierung unter dem Namen Silva, Pedro Silva.

Só um minuto, por favor. Aqui está o sr., sr. Silva. O sr. vai ficar 3 noites, certo?
Einen Augenblick bitte, hier sind Sie, Herr Silva. Sie bleiben 3 Nächte, richtig?

O(A) sr.(a) pode, por favor, preencher este formulário?
Können Sie bitte dieses Formular ausfüllen?

O(A) sr.(a) vai ficar no quarto 507.
Sie bekommen das Zimmer 507.

Onde é servido o café da manhã?
Wo wird das Frühstücksbüffet serviert?

No primeiro andar.
Im 1. Stock.

1. DSL: abreviação de *Digital Subscriber Line*, linha telefônica com aparelho especial que permite receber ou enviar informações pela internet em alta velocidade; internet de banda larga.

Vou pedir ao carregador para levar sua bagagem até o quarto.
Ich bitte den Pagen Ihr Gepäck aufs Zimmer zu bringen.

Obrigado. A propósito, os srs. têm serviço de despertador?
Vielen Dank. Haben Sie übrigens einen Weckdienst?

Mas é claro, a que horas o(a) sr.(a) gostaria de ser acordado(a)?
Aber sicher, um wie viel Uhr möchten Sie geweckt werden?

O(A) sr.(a) pode me acordar às 7h , por favor?
Können Sie mich bitte um sieben 7 wecken?

Preciso ser acordado às 8h.
Ich muss um acht 8 geweckt werden.

Os srs. têm carregador de bagagem?
Haben Sie einen Gepäckträger?

Os srs. têm serviço de manobrista?
Haben sie einen Parkservice?

Onde está o manobrista?
Wo ist der Wagenmeister?

O(A) sr.(a) pode pedir para pegar o meu carro?
Können Sie bitte mein Auto holen lassen?

Onde fica o elevador?
Wo ist der Fahrstuhl/der Aufzug/der Lift?

Onde posso guardar objetos de valor?
Wo kann ich Wertsachen aufbewahren?

Os srs. teriam um mapa da cidade?
Hätten Sie einen Stadtplan?

A que horas temos de fazer o *check-out*?
Um wie viel Uhr müssen wir auschecken?

A que horas o café da manhã/o almoço/o jantar é servido?
Um wie viel Uhr wird das Frühstück/das Mittagessen/das Abendessen serviert?

Tudo certo, muito obrigado.
Alles klar, vielen Dank.

Não há de quê!
Gern geschehen!/Nichts zu danken!/Keine Ursache!/Bitte schön!

Veja *Cardápios – Das Frühstücksbuffet*, p. 84; *Glossário temático 2: Alimentação: Café da manhã*, p. 99 e *Dica 14: Gorjeta & serviço*, p. 83

DICA 10: DUREZA DA ÁGUA
TIPP 10: WASSERHÄRTE

A água pode variar de muito dura a macia. É uma maior concentração de íons de calcário e magnésio que torna a água dura. Com esse tipo de água a espuma do sabonete se desfaz instantaneamente e o sabonete brasileiro se desmancha mais rapidamente do que o europeu. Banhos quentes e prolongados com água dura ressecam mais a pele e o cabelo. Prepare-se, então, para usar mais hidratante. Até mesmo cafeteiras, lava-roupas, aquecedores e torneiras de água quente precisam de manutenção regular por causa do calcário que se deposita com a água quente. O gosto também é um pouco diferente.

No hotel: serviço de quarto
Im Hotel: Serviceleistungen

Gostaria de pedir um lanche/uma bebida.
Ich möchte einen kleinen Imbiss/Snack/ein Getränk bestellen.

Preciso de um travesseiro/uma toalha/um cobertor extra.
Ich brauche ein zusätzliches Kopfkissen/Badetuch/eine zusätzliche Decke.

Preciso de mais cabides.
Ich brauche mehr Kleiderbügel.

Gostaria de ligar para o Brasil.
Ich möchte Brasilien anrufen.

É possível fazer uma ligação a cobrar?
Ist es möglich ein R-Gespräch nach Brasilien zu machen?

Os srs. têm serviço de lavanderia?
Haben Sie einen Wäscheservice?

Os srs. têm serviço de lavagem a seco?
Haben Sie einen Trockenreinigungsservice?

Os srs. teriam uma cama para criança/bebê?
Hätten Sie ein Kinderbett/Babybett?

Veja *Cardápios – Imbisse & Snacks, Getränke*, p. 84; *Ligações telefônicas*, p. 70 e *Dica 12: Telefonando*, p. 73

DICA 11: VOLTAGEM 230 V
TIPP 11: SPANNUNG 230 V

Na Alemanha, na Áustria e na Suíça, assim como na Europa toda, a corrente elétrica é 230 V/50 Hz. Os plugues *(der Stecker)* na Alemanha e na Áustria são do tipo *F CEE-7/4 (Schuko)* e às vezes do tipo C, também chamado "europeu". Na Suíça, os plugues são do tipo J. Informe-se junto à recepção do hotel onde poderá providenciar um adaptador *(der Reisestecker-Adapter)* e talvez um transformador de voltagem *(der Spannungskonverter)* caso o hotel não possa fornecer um.

No hotel: problemas no quarto
Im Hotel: Probleme im Zimmer

A TV não está funcionando bem.
Der Fernseher funktioniert nicht richtig.

Parece haver algum defeito no controle remoto.
Die Fernbedienung scheint defekt zu sein.

O ar-condicionado/aquecimento não está funcionando bem.
Die Klimaanlage/Heizung läuft nicht richtig.

O secador de cabelos está quebrado.
Der Haartrockner ist kaputt.

Não há papel higiênico no banheiro.
Es gibt kein Toilettenpapier im Badezimmer.

A descarga não está funcionando.
Die Wasserspülung geht nicht.

A pia está entupida.
Das Waschbecken ist verstopft.

O ralo do chuveiro está entupido.
Der Duschenabfluss ist verstopft.

A torneira está pingando.
Der Wasserhahn tropft/ist undicht.

Tem um vazamento no teto.
An der Decke ist eine undichte Stelle.

Eu poderia trocar de quarto, por favor?
Könnte ich das Zimmer bitte wechseln?

Os srs. teriam um andar/quarto para não fumantes, por favor?
Hätten Sie bitte ein Stockwerk/Zimmer für Nichtraucher?

O elevador/a máquina de lavar está quebrado(a).

Der Fahrstuhl/die Waschmaschine ist außer Betrieb.

Veja *Placas comuns em países de língua alemã*, p. 112

Dialog 5: Probleme mit der Klimaanlage

Rezeption: *Rezeption, Specht, guten Tag. Was kann ich für Sie tun?*
Tourist: *Guten Tag, hier Altmann, Zimmer 305. Ich glaube da ist ein Problem mit der Klimaanlage. Sie scheint nicht richtig zu funktionieren.*
Rezeption: *Seien Sie beruhigt. Ich sende sofort jemanden zum Nachprüfen.*
Tourist: *Übrigens könnten Sie uns bitte auch ein zusätzliches Badetuch besorgen?*
Rezeption: *Selbstverständlich. Unser Etagenservice bringt Ihnen gleich mehr Badetücher aufs Zimmer.*
Tourist: *Vielen Dank!*
Rezeption: *Gern geschehen!*

Veja a tradução desse diálogo na p. 159

No hotel: pedidos e necessidades
Im Hotel: Anfragen und Bedürfnisse

Tem algum parque aqui perto onde eu possa correr?
Ist ein Park in der Nähe, wo ich joggen könnte?

Tem uma casa de câmbio aqui perto onde eu possa trocar dinheiro?
Ist eine Wechselstelle in der Nähe, wo ich Geld wechseln könnte?

Como está a taxa de câmbio do euro para o franco suíço?
Wie steht der Wechselkurs zwischen Euro und Schweizer Franken?

Onde pode-se alugar um carro aqui perto?
Wo kann man ein Auto in der Nähe mieten?

O(A) sr.(a) tem um centro de negócios/sala de internet onde se possa usar um computador?
Haben Sie ein Geschäftszentrum/einen Internetraum, wo man einen Computer benutzen kann?

O(A) sr.(a) pode, por favor, checar se há algum recado para o quarto... ?
Können Sie bitte nachprüfen, ob es Meldungen für Zimmer... gibt?

Tem um restaurante/barzinho/um lugar legal para sair aqui perto?
Gibt es ein Restaurant/eine Kneipe/ein nettes Lokal[1] in der Nähe?

Onde posso comprar comida aqui perto?
Wo bekomme ich Lebensmittel in der Nähe?

Tem um mercado/uma mercearia fina perto?
Ist ein Lebensmittelgeschäft/Feinkostgeschäft in der Nähe?

Onde fica o supermercado mais próximo?
Wo liegt der nächste Supermarkt?

Que atrações o(a) sr.(a) recomendaria?
Welche Sehenswürdigkeiten würden Sie bitte empfehlen?

A que distância está o centro da cidade?
Wie weit liegt das Zentrum/die Stadtmitte?

É seguro andar a pé aqui/lá?
Ist es sicher hier/dort zu Fuß zu gehen?

1. *Lokal (das)*: termo geral para qualquer lugar onde se possa consumir alguma bebida ou alimento. Quando combinado com outra palavra pode indicar desde um bar até restaurante *(Speiselokal)*, danceteria *(Tanzlokal)* ou adega de vinho *(Weinlokal)*.

A que distância está o parque?

Wie weit ist es zum Park?

Pode-se chegar lá de metrô/ônibus?

Kann man mit der U-Bahn/dem Bus hin?

O(A) sr.(a) pode pedir um táxi?

Können Sie mir bitte ein Taxi bestellen?

Quanto custa aproximadamente uma corrida até... ?

Wie viel kostet ungefähr die Fahrt bis... ?

O(A) sr.(a) pode me dar uma nota, por favor?

Können Sie mir bitte eine Quittung geben?

Vou pedir ao carregador para pegar suas malas no quarto.

Ich bitte den Pagen Ihr Gepäck vom Zimmer zu bringen.

Veja *Indicando o caminho*, p. 69; *Glossário temático 2: Alimentação*, p. 99; *Dica 17: Vasilhames retornáveis e o Pfand*, p. 127; *Dica 20: Horários do comércio*, p. 137 e *Glossário temático 5: Lojas & serviços*, p. 139

ACOMODAÇÃO & HOSPEDAGEM

No hotel: fazendo o *check-out*

Aus dem Hotel auschecken

A que horas é o *check-out*?

Um wie viel Uhr ist das Auschecken?

Gostaria de fazer o *check-out*, por favor.

Ich möchte bitte auschecken.

Os srs. trabalham com todos os cartões?

Arbeiten Sie mit allen Kreditkarten?

Claro, aceitamos todos os principais cartões.

Sicherlich, wir akzeptieren alle gängigen Kreditkarten.

Muito bem, aqui está.

Sehr gut, hier bitte schön.

O(A) sr.(a) consumiu alguma coisa do frigobar?

Hatten Sie etwas aus der Minibar?

Obrigado. Vamos cobrar o total de 275 euros no seu cartão. O(A) sr.(a) pode assinar aqui?

Vielen Dank. Ihre Kreditkarte wird mit einem Gesamtbetrag von 275 Euro belastet. Können Sie bitte hier unterschreiben?

Ao que se refere este item?

Worauf bezieht sich dieser Posten/Teilbetrag?

O(A) sr.(a) precisa de ajuda com as malas?
Brauchen Sie Hilfe mit dem Gepäck?

Preciso ir para o aeroporto, os srs. poderiam chamar um táxi para mim, por favor?
Ich muss zum Flughafen. Können Sie bitte ein Taxi rufen?

Muito obrigado por sua visita. Esperamos vê-lo novamente!
Vielen Dank für Ihren Besuch. Wir freuen uns, Sie bald wieder begrüßen zu dürfen!

Veja *Dica 14: Gorjeta & serviço*, p. 83; *Dica 18: Moedas: euro e franco suíço*, p. 132 e *Dica 19: Números*, p. 132

Pedindo indicação de caminho
Nach dem Weg fragen

Com licença, como chego até o museu?
Entschuldigung, wie komme ich zum Museum?

É muito longe para ir a pé?
Ist es sehr weit zu Fuß?

Dá para ir a pé?
Kann man zu Fuß dahin?

Qual é a distância?
Wie weit ist es?

São quantos quarteirões daqui?
Wie viele Straßenblöcke sind es von hier aus?

Dá para chegar lá de metrô/de ônibus?
Kann man mit der U-Bahn/dem Bus dahin kommen?

O(A) sr.(a) pode me mostrar no mapa da cidade/mapa rodoviário, por favor?
Können Sie mir das bitte auf dem Stadtplan/der Karte zeigen?

Onde é a estação de metrô/o ponto de ônibus mais próximo?
Wo ist die nächste U-Bahnstation/Bushaltestelle?

Com licença, o(a) sr.(a) pode me dizer onde fica o posto de gasolina mais próximo?
Verzeihung, können Sie mir bitte sagen, wo die nächste Tankstelle liegt?

Como chego ao anel viário/à rodovia?
Wie fahre ich bis zum Stadtring/zur Autobahn?

Com licença, como chego ao aeroporto?
Verzeihung, wie komme ich bis zum Flughafen?
Tem um banco/uma farmácia/um shopping aqui perto?
Ist eine Bank/Apotheke/ein Einkaufszentrum in der Nähe?
O(A) sr.(a) sabe se tem uma loja de conveniência aqui perto?
Wissen Sie, ob es ein Lebensmittelgeschäft in der Nähe gibt?
Tem um *cyber* café aqui perto?
Ist ein Internetcafé in der Nähe?

Veja *Seleção de placas de trânsito da Alemanha*, p. 51; *Placas comuns em países de língua alemã*, p. 112 e *Dica 17: Vasilhames retornáveis e o Pfand*, p. 127

ACOMODAÇÃO & HOSPEDAGEM

Dialog 6: Nach dem Weg fragen

Tourist: *Verzeihung, wissen Sie, wo eine Apotheke in der Nähe ist?*
Fußgänger: *Da ist eine zwei Straßen weiter. Sie können sie nicht verfehlen.*
Tourist: *Danke! Ich muss auch etwas Geld abheben. Gibt es eine Bank in der Nähe?*
Fußgänger: *Neben dieser Apotheke ist ein Geldautomat. Da können Sie Geld abheben.*
Tourist: *Oh, das ist prima! Ich danke Ihnen vielmals!*
Fußgänger: *Keine Ursache!*

Veja a tradução desse diálogo na p. 159.
Veja *Fazendo compras na drogaria*, p. 140 e *Glossário temático 6: Artigos de drogaria & farmácia*, p. 141

Indicando o caminho
Den Weg angeben

Continue reto até a praça.
Gehen/Fahren Sie geradeaus bis zum Platz.
O(A) sr.(a) tem de virar à direita na próxima rua.
Sie müssen in die nächste Straße rechts abbiegen.

Ande um quarteirão e daí vire à esquerda.
Gehen Sie einen Block weiter und da links abbiegen.

No próximo farol entre à esquerda.
An der nächsten Ampel links fahren.

Fica logo ali na esquina.
Es liegt gleich da an der Ecke.

O(A) sr.(a) pode ir a pé.
Sie können zu Fuß hin.

Está a 4 quarteirões daqui.
Es liegt vier Straßenblöcke weiter.

Seria mais fácil se o(a) sr.(a) pegasse o metrô/o ônibus/um táxi.
Es wäre einfacher, wenn Sie die U-Bahn/den Bus/ein Taxi nehmen würden.

No seu lugar eu pegaria o ônibus.
An Ihrer Stelle würde ich den Bus nehmen.

Há uma estação de metrô bem perto.
Eine U-Bahnstation liegt ganz in der Nähe.

Um ponto de ônibus fica logo ali.
Eine Bushaltestelle liegt gleich dort.

O(A) sr.(a) pode pegar o metrô na(o)...
Sie können die U-Bahn an der/am... nehmen.

O(A) sr.(a) pode pegar o ônibus e descer na(o)...
Sie können den Bus nehmen und an der/am... aussteigen.

O(A) sr.(a) pode chegar lá de metrô.
Sie können mit der U-Bahn hinkommen.

Veja *Dica 3: Meios de transporte público*, p. 36; *Dica 15: Locação de bicicletas*, p. 111 e *Dica 7: Sistema de caronas compartilhadas: Mitfahrgelegenheit*, p. 47

Ligações telefônicas: informações e gravações
Telefongespräche: Auskunft und Meldungen

Bom dia, posso ajudá-lo?
Guten Tag, was kann ich für Sie tun?

O(A) sr.(a) pode, por favor, me ajudar a ligar para o Brasil?
Können Sie mir bitte helfen Brasilien anzurufen?

Qual é o código de área de Viena/Zurique, por favor?
Welche ist die Vorwahl für Wien/Zürich bitte?

O(A) sr.(a) pode repetir o número devagar, por favor?
Können Sie bitte die Nummer langsam wiederholen?

Gostaria de fazer uma ligação para o Brasil.
Ich möchte einen Anruf nach Brasilien machen.

Gostaria de fazer uma ligação a cobrar para...
Ich möchte ein R-Gespräch nach... machen.

Este número não existe.
Kein Anschluss unter dieser Nummer.

Não foi possível completar a ligação.
Dieser Anschluss ist vorübergehend nicht erreichbar.

Este número de telefone mudou.
Diese Rufnummer hat sich geändert.

Não consigo ligar para o número... O(A) sr.(a) pode me ajudar, por favor?
Ich kann die Nummer... nicht erreichen. Können Sie mir bitte helfen?

Por favor, aguarde, a ligação está sendo completada.
Bitte warten Sie, Sie werden in Kürze verbunden.

Deixe uma mensagem após o sinal sonoro.
Hinterlassen Sie eine Nachricht nach dem Piepton.

Por favor, tente novamente mais tarde.
Bitte versuchen Sie es später noch einmal.

Ligações telefônicas: expressões usuais
Telefonate: gängige Redewendungen

Quem está ligando, por favor?
Wer ist am Apparat bitte?/Wer spricht bitte?

Como é seu nome e diga, por favor, do que se trata?
Wie ist Ihr Name und sagen Sie bitte, worum es geht?

Espere um segundo, por favor.
Augenblick/Moment, bitte.

Vou transferir o(a) sr.(a) para...
Ich verbinde Sie mit...

Fique na linha, vou transferir sua ligação.
Bleiben Sie bitte dran, ich verbinde.

Um instante, vou colocar no viva-voz...
Einen Augenblick, ich schalte auf die Freisprechanlage um...

A linha está ocupada.
Die Nummer ist besetzt.

Só dá ocupado.
Ich bekomme nur das Besetztzeichen.

Vou colocar o(a) sr.(a) na espera.
Ich setze Sie in Wartestellung.

O(A) sr.(a) pode me ligar depois?
Können Sie mich bitte später zurückrufen?

Eu ligo mais tarde de volta.
Ich rufe Sie später zurück.

O(A) sr.(a) gostaria de deixar um recado?
Möchten Sie eine Nachricht hinterlassen?

Alô, aqui quem está falando é o(a) sr.(a) Müller.
Hallo, hier spricht Herr/Frau Müller.

Estou ligando a respeito do anúncio/do estágio/do horário com...
Ich rufe wegen der Anzeige/des Praktikums/des Termins mit... an.

Estou ligando em nome de...
Ich rufe Sie im Namen von... an.

O(A) sr.(a) Schmidt/A Kathrin está?
Ist Herr/Frau Schmidt/Kathrin da?

O(A) sr.(a) pode pedir a ele/ela para retornar minha ligação?
Können Sie ihn/sie bitten, mich zurückzurufen?

Vou enviar um e-mail para o(a) sr.(a) Fischer.
Ich sende Herrn/Frau Fischer ein/eine E-Mail.

Meu endereço de e-mail é paulosilva arroba comercial ponto com ponto br.
Meine E-Mail-Adresse ist paulosilva ät comercial Punkt com Punkt br.

Desculpe, a ligação está péssima, posso ligar de volta?
Entschuldigung, die Verbindung ist sehr schlecht, kann ich Sie zurückrufen?

Deixei um recado na secretária eletrônica.
Ich habe eine Nachricht auf dem Anrufbeantworter hinterlassen.

Por favor, não desligue.
Bitte legen Sie nicht auf.

Meu celular estava desligado.
Mein Handy war ausgeschaltet.

Preciso carregar meu celular.
Ich muss mein Handy aufladen.

Desculpe, foi engano!
Entschuldigung, ich habe mich verwählt!

Desculpe, o(a) sr.(a) discou o número errado.
Entschuldigung, Sie haben die falsche Nummer gewählt.

Desculpe, preciso encerrar a conversa.
Entschuldigung, ich muss Schluss machen.

DICA 12: TELEFONANDO
TIPP 12: ANRUFEN

Para ligar para o *Brasil* disque 00 55 + prefixo da cidade (sem 0) + número do telefone.
Para ligar do Brasil para *Alemanha*: 00 49 + prefixo (sem 0) + número; para *Áustria*: 00 43 + prefixo (sem 0) + número; para *Suíça*: 00 41 + prefixo (sem 0) + número.
Ligações nacionais: 0 + número. Os celulares em geral começam por 01 na Alemanha, 06 na Áustria (também é prefixo da região de Salzburgo) e 07 na Suíça. Ao ligar identifique-se pelo sobrenome antes de dar bom-dia: *(Hier) Santos, guten Tag! Ich möchte Herrn/ Frau... bitte sprechen.*
Antes de ligar do hotel informe-se sobre as taxas cobradas, que costumam ser altas. Um cartão telefônico (valores entre € 5 e € 30) pode ser mais vantajoso e permite acompanhar melhor o saldo restante pelo visor do telefone público.
Veja *Dica 21: Números de emergência e plantões de farmácias*, p. 154

Alimentação

Dialog 7: Auf der Suche nach einem Lokal[1]

Touristin: *Entschuldigung, können Sie mir bitte ein nettes Lokal in der Nähe empfehlen?*
Rezeption: *Sicherlich. Haben Sie eine Vorliebe für eine bestimmte Küche?*
Touristin: *Ja, vielleicht Pasta und Salat oder besser Hamburger und Pommes für die Kinder.*
Rezeption: *Also, da würde ich Ihnen die Gourmetmeile in der Innenstadt neben dem Markt empfehlen. Das liegt ganz in der Nähe.*
Touristin: *Das hört sich gut an. Wie komme ich am besten dahin?*
Rezeption: *Ich zeige es Ihnen auf dem Stadtplan.*

Veja a tradução desse diálogo na p. 159

1. Veja nota sobre *Lokal*, p. 66

Procurando um lugar para comer: frases usuais
Auf der Suche nach einem Lokal[1]: gängige Formulierungen

Tem uma lanchonete perto?
Ist ein Schnellimbiss in der Nähe?

Há restaurantes nos arredores?
Gibt es Restaurants hier in der Umgebung?

Procuramos um restaurante de *fast-food*.
Wir suchen ein Schnellspeiselokal[1]/ein Fast-Food-Restaurant.

O(A) sr.(a) sabe onde fica a praça de alimentação?
Wissen Sie wo der Food-Court liegt?

O(A) sr.(a) pode recomendar um bom restaurante?
Können Sie mir ein gutes Restaurant/Lokal[1] empfehlen?

O(A) sr.(a) conhece um restaurante de culinária brasileira/alemã/austríaca/suíça/regional aqui perto?
Kennen Sie ein Restaurant mit brasilianischer/deutscher/österreichischer/schweizerischer/regionaler Küche in der Nähe?

Tem um restaurante vegetariano aqui perto?
Gibt es ein vegetarisches Restaurant in der Nähe?

Há uma cervejaria ao ar livre perto?
Gibt es einen Biergarten in der Nähe?

Chegando ao restaurante
Im Restaurant ankommen

Uma mesa para 4 pessoas, por favor.
Einen Tisch für vier Personen, bitte.

Estamos em 4.
Wir sind zu viert.

Os srs. têm uma área separada para fumantes/não fumantes?
Haben Sie einen getrennten Raum/Bereich für Raucher/nicht-Raucher?

1. Veja nota sobre *Lokal*, p. 66

O(A) sr.(a) teria talvez uma mesa perto da janela?
Hätten Sie vielleicht einen Tisch am Fenster?

Onde fica o toalete, por favor?
Wo ist die Toilette bitte?

Desculpe, mas todas as mesas estão ocupadas. Só daqui a uns 15 minutos uma mesa vai liberar.
Es tut uns leid, aber alle Tische sind besetzt. Erst in etwa 15 Minuten wird ein Tisch frei.

No restaurante: pedindo o cardápio
Im Restaurant: um die Speisekarte bitten

O(A) sr.(a) poderia me/nos trazer o cardápio, por favor?
Könnten Sie mir/uns bitte die Speisekarte bringen?

O cardápio, por favor.
Die Speisekarte, bitte.

Poderia ver o cardápio/a carta de vinhos, por favor?
Könnte ich bitte die Speisekarte/die Weinkarte haben?

Veja *Cardápios*, p. 84 e *Glossário temático 2: Alimentação*, p. 99

DICA 13: VINHOS NA ALEMANHA E NA ÁUSTRIA
TIPP 13: WEINE IN DEUTSCHLAND UND ÖSTERREICH

Desde 2007 os vinhos na Alemanha seguem uma classificação que distingue quatro categorias:

(Deutscher) Wein ohne Herkunftsbezeichnung (bis 2009 Tafelwein): vinho (alemão) sem especificação de origem, (até 2009 vinho de mesa); na Áustria apenas *Wein* (vinho);

(Deutscher) Landwein: vinho (alemão) de uma região definida — 25 regiões na Alemanha e 3 grandes com subdivisões na Áustria — varia de seco *(trocken)* a semisseco *(halbtrocken)*;

Qualitätswein bestimmter Anbaugebiete (QbA): vinho de qualidade de regiões de cultura específicas, varia de seco *(trocken)* a suave *(lieblich)*;

Prädikatswein (até 2007 *Qualitätswein mit Prädikat*): vinho com selo de qualidade e obrigatoriamente uma das seguintes menções, sendo que a riqueza natural em açúcar é ascendente: *Kabinett, Spätlese, Auslese, Beerenauslese (BA), Trockenbeerenauslese (TBA)* ou *Eiswein*. Esses vinhos variam de secos *(trocken)* e semissecos *(halbtrocken, feinherb)* a doces (*süß* ou *edelsüß*).

Escala do seco ao doce: *trocken, halbtrocken* ("half-dry"), *feinherb* ("off-dry"), *lieblich, mild* (suave) ou *restsüß* (doce residual), *süß* ou *edelsüß* (doce).

Kabinett: vinho produzido com uvas bem maduras, geralmente semisseco *(halbtrocken)*.

Spätlese: significa colheita tardia, portanto é levemente doce, mas pode ser seco se indicado no rótulo.

Auslese: colheita tardia e seletiva das melhores uvas.

Beerenauslese (BA): produzido apenas com uvas afetadas pelo fungo botrytis e as mais desidratadas.

Trockenbeerenauslese (TBA): equivale à colheita selecionada de uvas secas. Vinho produzido em pequena escala devido à avançada desidratação e por isso muito doce e caro.

No restaurante: frases do garçom
Im Restaurant: Redewendungen des Kellners

Uma mesa para quantas pessoas, por favor?
Einen Tisch für wie viele Personen bitte?

Gostaria(m) de ver o cardápio?
Möchten Sie die Karte anschauen?

Já gostaria(m) de pedir?
Möchten Sie schon bestellen?

Posso anotar o pedido?
Was darf es sein?

O que posso trazer?
Was kann ich Ihnen bringen?

E o que gostaria(m) de beber?
Und was möchten Sie trinken?

Volto já com suas bebidas.
Ich komme gleich mit den Getränken.

Mais alguma coisa?
Noch etwas dazu?

Como o(a) sr.(a) gostaria sua carne?
Wie möchten Sie Ihr Fleisch?

O que gostaria(m) de sobremesa?
Was möchten Sie als Nachtisch?

E de sobremesa?
Und zum Nachtisch?

Volto já.
Ich komme gleich zurück.

ALIMENTAÇÃO

No restaurante: fazendo o pedido
Im Restaurant: bestellen

Gostaríamos de fazer o pedido, por favor.
Wir möchten bitte bestellen.

Queremos fazer o pedido, por favor!
Bestellen, bitte!

O que o(a) sr.(a) nos recomendaria?
Was würden Sie uns empfehlen?

O que a mesa ali do lado pediu?
Was hat der Tisch daneben bestellt?

Queremos exatamente o mesmo.
Wir möchten genau das Gleiche.

Eu queria primeiro uma salada de alface, por favor.
Zuerst möchte ich einen grünen Salat, bitte.

Gostaríamos de começar com a sopa de legumes.
Wir möchten mit der Gemüsesuppe anfangen.

O(A) sr.(a) pode nos trazer mais uma cerveja, por favor?
Können Sie uns bitte noch ein Bier bringen?

O(A) sr.(a) pode nos trazer um pouco de queijo ralado, por favor?
Können Sie uns bitte etwas geriebenen Käse bringen?

Os srs. servem café da manhã/*brunch*?
*Servieren Sie Frühstück/*Brunch[1]*?*

Vou querer o filé de frango com batatas, por favor.
Ich möchte das Hähnchenfilet mit Kartoffeln, bitte.

Vou querer o bife com batatas fritas, por favor.
Ich möchte das Steak mit Pommes, bitte.

Eu queria o meu bife malpassado/no ponto/bem passado, por favor.
Ich möchte mein Steak blutig/medium/gut durch, bitte.

Eu queria o espaguete com almôndegas.
Ich möchte die Spaghetti mit den Fleischklößchen.

Os srs. teriam algo para vegetarianos/sem glúten?
Hätten Sie etwas für Vegetarier/Glutenfreies?

Que tipo de massas os srs têm?
Was für Pasta-Sorten haben Sie?

Vou querer a linguiça grelhada.
Ich nehme die Bratwurst, bitte.

Veja *Cardápios – Vorspeisen, Hauptspeisen*, p. 89 e *Glossário temático 2: Alimentação*, p. 99

No restaurante: pedindo bebidas
Im Restaurant: Getränke bestellen

Os srs. têm suco de fruta feito na hora?
Haben Sie frisch gepressten Obstsaft?

Eu queria um suco de maçã/uva.
Ich möchte einen Apfelsaft/Traubensaft.

Que refrigerante os srs. têm?
Welche Erfrischungsgetränke haben Sie?

1. *Brunch (der)*: O termo inglês brunch é formado a partir da combinação das primeiras letras de ***br**eakfast* (café da manhã) e das últimas de ***lunch*** (almoço), daí essa refeição ser uma mescla de café da manhã tardio e lanche reforçado.

Eu queria uma coca, por favor.
Ich möchte eine Cola, bitte.

Vou tomar cerveja.
Ich trinke Bier.

Os srs. têm chope?
Haben Sie Fassbier?

Queríamos vinho tinto/branco. O(A) sr.(a) poderia trazer a carta de vinhos, por favor?
Wir möchten Rotwein/Weißwein trinken. Können Sie uns bitte die Weinkarte bringen?

Eu queria um uísque puro/com gelo separado, por favor.
Ich möchte einen Whisky pur/mit Eis daneben, bitte.

Que tipos de coquetéis o(a) sr.(a) tem?
Welche Cocktails/Mischgetränke haben Sie?

Veja *Cardápios Getränke*, p. 94 e *Glossário temático 2: Alimentação*, p. 99
Veja *Dica 13: Vinhos na Alemanha e na Áustria*, p. 77

No restaurante: outros pedidos e comentários
Im Restaurant: weitere Bestellungen und Kommentare

O(A) sr.(a) teria um canudinho, por favor?
Hätten Sie bitte einen Trinkhalm?

O(A) sr.(a) pode me trazer um pouco de gelo, por favor?
Können Sie mir bitte etwas Eis bringen?

O(A) sr.(a) pode nos trazer o sal/açúcar/adoçante, por favor?
Können Sie uns bitte Salz/Zucker/Süßstoff bringen?

O(A) sr.(a) poderia, por favor, nos trazer pão e manteiga?
Könnten Sie uns bitte Brot und Butter bringen?

O(A) sr.(a) pode me trazer outro(a) copo/faca/garfo/colher, por favor?
Können Sie mir bitte ein anderes Glas/Messer/eine andere Gabel/einen anderen Löffel bringen?

O(A) sr.(a) poderia me trazer um cinzeiro, por favor?
Können Sie mir bitte einen Aschenbecher bringen?

O(A) sr.(a) pode nos trazer alguns guardanapos?
Können Sie uns bitte einige Servietten bringen?

O(A) sr.(a) poderia trocar a toalha de mesa, por favor?
Können Sie bitte das Tischtuch wechseln?

Vou tomar (mais) um café, por favor.
Ich nehme (noch) einen Kaffee bitte.

O(A) sr.(a) pode me trazer um café expresso?
Können Sie mir bitte einen Espresso bringen?

Onde é o toalete, por favor?
Wo ist die Toilette bitte?

Como estava o seu prato?
Hat es Ihnen geschmeckt?/Hat's geschmeckt?

Qual é o seu prato favorito?
Haben Sie eine Lieblingsspeise?

Comentários ao final da refeição
Kommentare am Ende der Mahlzeit

Estava delicioso.
Es hat sehr gut geschmeckt.

Estava (muito) gostoso.
Es war (sehr) lecker.

Estou satisfeito, muito obrigado.
Ich bin satt, danke schön.

Acho que não vou pedir sobremesa.
Ich glaube, ich nehme keinen Nachtisch.

Vou tomar um sorvete de chocolate/baunilha.
Ich nehme ein Schokoladeneis/Vanilleeis.

Acho que só vou tomar um café.
Ich glaube, ich nehme nur einen Kaffee.

Vou tomar um café expresso.
Ich nehme einen Espresso.

Pode nos trazer a conta, por favor?
Können Sie uns bitte die Rechnung bringen?

A conta já inclui o serviço?
Ist die Rechnung inklusive Bedienung?

Precisamos de um recibo, por favor.
Wir brauchen eine Quittung bitte.

Pode nos dar um recibo por favor?

Können Sie uns bitte eine Quittung geben?

Veja *Cardápios Nachtisch – Dessert*, p. 97 e *Getränke*, p. 95
Veja *Glossário temático 2: Alimentação*, p. 99

DICA 14: GORJETA & SERVIÇO
TIPP 14: TRINKGELD & DIENSTLEISTUNG

Em restaurantes e cafés o serviço está incluído na conta. Para um atendimento atencioso é praxe dar uma gorjeta de 5% a 10%. Quando o garçom estiver fazendo a conta na sua frente e devolvendo o troco, fala-se *Stimmt so!* ("Está certo!", deixando o valor desejado). Ou ainda pode-se antecipar o valor a ser cobrado: *€ 60 bitte!* ou seja, dando o troco para € 60, para uma conta de € 56, por exemplo. Em hotéis dá-se € 1 para o carregador de malas (por mala pesada) e, ao manobrista, de € 1 a € 3. Por um bom serviço o taxista recebe de € 0,50 a € 1. Em vestiários de teatros e óperas, assim como em toaletes, é usual deixar uma pequena gorjeta, entre € 0,25 e € 1.

Dialog 8: In einer Kneipe

Kellnerin: *Guten Abend die Herrschaften, was darf es bitte sein?*
Tourist 1: *Ich möchte eine Bratwurst mit Kartoffelsalat, bitte.*
Tourist 2: *Für mich die Frankfurter Würstchen und einen gemischten Salat mit Rahmsoße bitte.*
Kellnerin: *Alles klar, und zum Trinken?*
Tourist 1: *Ein Pils, bitte.*
Kellnerin: *Gut, und für Sie?*

Tourist 2: *Ein Weizenbier, bitte.*
Kellnerin: *Okay, ich komme gleich zurück.*

Veja a tradução desse diálogo na p. 159.
Veja *Cardápios - Imbisse & Snacks*, p. 86 *Getränke*, p. 94 e *Glossário temático 2: Alimentação*, p. 99

Cardápios
Menu

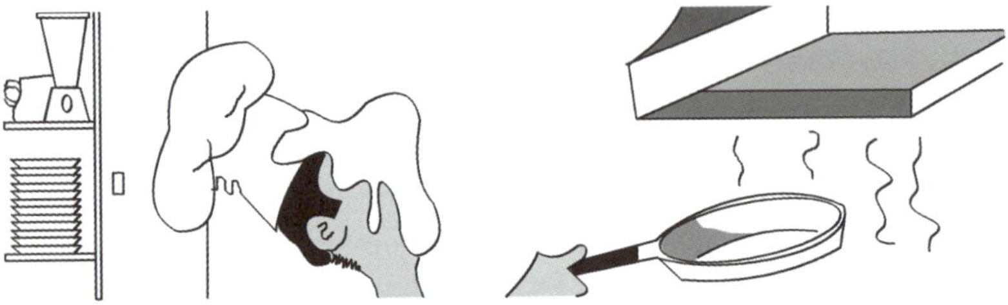

Veja nesta seção pratos típicos do *Frühstück* (café da manhã), *Mittagessen* (almoço), *Imbisse/Snacks* (lanches), *Abendessen* (jantar) e *Getränke* (bebidas) nos cardápios de países de expressão alemã. Não deixe de ver também o *Glossário temático 2: Alimentação*, p. 99.

FRÜHSTÜCKSBUFFET € 15,00

Brötchen, Semmel, Weck, Schrippe, Schusterjunge
Brot: Weißbrot, Schwarzbrot/Graubrot, Vollkornbrot, Sonnenblumenbrot
Butter/Margarine
Marmelade/Konfitüre
Honig
Haselnussbrotaufstrich/Nuss-Nougat-Creme
Schnittkäse
Quark, Schnittlauchquark
Vanillequark mit Obst
Schnittwurst: Schinken, Rohschinken,

Salami, Puten Aufschnitt, Kassler Aufschnitt
Wurstaufstrich: Mettwurst, Leberwurst
Müsli
Birchermüsli (CH)
Schale Cornflakes
Joghurt
Frisches Obst
Ein weiches/hartes Ei
Rührei
Spiegeleier mit Speck (CH)
Zopf (CH)

das Frühstücksbuffet: bufê de café da manhã

das Brötchen, der Weck, die Schrippe (Berlim): pãozinho branco, alongado, com corte ao meio

die Semmel: pãozinho branco, redondo, com cortes do centro para as bordas, também com sementes de gergelim (*Sesamsemmel*) ou papoula (Mohnsemmel)

der Schusterjunge (Berlim): pãozinho redondo, escuro, feito de trigo e centeio

das Brot: pão

das Weißbrot: pão branco

das Schwarzbrot/das Graubrot: pão preto feito de trigo e centeio

das Vollkornbrot: pão integral

das Sonnenblumenbrot: pão com sementes de girassol

die Butter: manteiga

die Margarine: margarina

die Marmelade/die Konfitüre (CH): geleia

der Honig: mel

der Haselnussbrotaufstrich/die Nuss-Nougat-Creme: pasta de avelãs e chocolate de passar no pão

der Schnittkäse: queijo fatiado

der Quark: pasta de ricota fresca

der Schnittlauchquark: pasta de ricota fresca com cebolinha fina picada

der Vanillequark: creme de ricota doce com baunilha

das Obst: frutas em geral

die Schnittwurst: frios fatiados (termo geral)
der Schinken: presunto cozido
der Rohschinken: presunto defumado
die Salami: salame
der Puten Aufschnitt: peru fatiado
der Kassler Aufschnitt: lombo de porco defumado e fatiado
der Wurstaufstrich: termo geral para "linguiças" de consistência pastosa
die Mettwurst: linguiça de carne de porco temperada, defumada, de consistência pastosa de passar no pão (Wurstaufstrich)
die Leberwurst: patê de fígado (Wurstaufstrich)
das Müsli: granola
das Birchermüsli: mingau de flocos de aveia, maçã ralada, avelãs, leite, mel, passas e outras frutas frescas a gosto (receita típica da Suíça para o café da manhã ou como lanche leve à noite)
die Schale Cornflakes: tigela de flocos de milho
der Joghurt: iogurte
das frische Obst: frutas, fruta fresca
ein weiches/hartes Ei: um ovo cozido mole/duro
das Rührei: ovo mexido
die Spiegeleier mit Speck (CH): ovos fritos com bacon
der Zopf (CH): pão trançado

IMBISSE & SNACKS

Bauernfrühstück	€ 4.50
Belegtes Brötchen mit Schinken/Käse/Aufstrich	€ 3.50
Belegte Baguette	€ 4.00
Bockwurst mit Nudelsalat	€ 3.50
Bosna (A)	€ 2.50
Bratwurst im Brötchen	€ 2.50
Bratwurst mit Senf und Sauerkraut	€ 4.00
Bratwurst mit Zwiebelsoße und Rösti (CH)	€ 5.50
Burenwurst (A)	€ 2.50
Currywurst mit Pommes	€ 3.50
Thüringer Rostbratwurst mit Brötchen	€ 2.50
Döner Kebab	€ 4.50

Dürüm Kebab	€ 4.00
Falafel	€ 4.00
Frankfurter Würstchen	€ 2.50
Wiener Würstchen	€ 3.00
Berliner Bulette mit Kartoffelsalat	€ 4.50
Frikadelle	€ 4.20
Hamburger mit Pommes	€ 3.50
Cheeseburger mit Pommes	€ 4.50
Heiße Brühe mit Brot	€ 3.50
Kartoffelpuffer mit Apfelmus	€ 4.50
Kassler mit Salat	€ 6.00
Schaschlik	€ 4.50
Käsebrot	€ 3.50
Schinkenbrot	€ 3.90
Käsesandwich	€ 3.50
Schinkensandwich	€ 3.50
Pizzastück (Mozzarella, Pepperoni, Champignons)	€ 3.70
Taxiteller	€ 6.20

der Imbiss: lanchonete

der Imbiss/der Snack: lanche

das Bauernfrühstück: literalmente café da manhã camponês, feito de batata cozida refogada com cebola, bacon, algum tipo de linguiça, cheiro verde, creme de leite e ovo batido

das belegte Brötchen mit Schinken/Käse/Aufstrich: pãozinho ou fatia de pão com presunto/queijo/patê

die belegte Baguette: sanduíche feito em baguete

die Bockwurst mit Nudelsalat: salsicha defumada grossa com salada de macarrão

die Bosna (A): linguiça temperada, com cebola, mostarda e curry em pãozinho branco, típico na Áustria

die Bratwurst im Brötchen: linguiça no pãozinho

die Bratwurst mit Senf und Sauerkraut: linguiça com mostarda e chucrute

die Bratwurst mit Zwiebelsauce und Rösti (CH): linguiça com molho de cebola e batata rösti (na Suíça a linguiça costuma ser de carne de vitela)

die Burenwurst (A): salsicha grossa muito comum na Áustria

die Currywurst mit Pommes: linguiça de carne de porco e bovina, de Berlim, também encontrada em toda a Alemanha (é servida cortada em rodelas com molho de tomate apimentado com curry em pó e batatas fritas; o molho pode ser pouco, mediamente ou muito apimentado)

die Thüringer Rostbratwurst mit Brötchen: linguiça de carne de porco da região da Turíngia, que mede de 15 a 20 cm e é servida com pãozinho

der Döner(kebab), Kebab (A, CH): sanduíche de lascas de diversas carnes grelhadas em pão sírio grosso (pita) com fatias de pepino, tomate, cebola, repolho, molho de iogurte e alho

der Dürüm Kebab: o mesmo sanduíche de lascas de diversas carnes grelhadas envolto em pão sírio fino, como uma panqueca

die/das Falafel: bolinhos fritos de massa de grão de bico, colocados num pão sírio grosso sobre legumes fritos (berinjela) e frescos, molho de iogurte e pimenta

das Frankfurter Würstchen: salsicha defumada fina de Frankfurt, feita de carne de porco apenas

das Wiener Würstchen: salsicha defumada fina de Viena, uma variação da Frankfurter, feita de carne de porco e boi

die Berliner Bulette mit Kartoffelsalat: bolinho de carne com salada de batata

die Frikadelle: bolinho de carne moída de boi e/ou porco, ovo e pão (deu origem ao hambúrguer)

der Hamburger mit Pommes: hambúrguer com fritas

der Cheeseburger mit Pommes: hambúrguer com queijo e fritas

die heiße Brühe mit Brot: caldo quente de carne e/ou legumes com pão

der Kassler mit Salat: lombo de porco defumado com salada

der Kartoffelpuffer mit Apfelmus: panqueca de batata ralada com purê de maçã

der/das Schaschlik: espeto de carne com pedaços de cebola, pimentão e bacon

das Pizzastück: pedaço de pizza

der Mozzarella: queijo mussarela

die Pepperoni: linguiça tipo calabresa apimentada (escreve-se com dois ps)

die Peperoni: pimentão ou pimenta ardida (escreve-se com um p)

die Champignons: cogumelos

der Taxiteller: o prato do taxista compõe-se de batata frita, *Currywurst*, *Gyros* (carne assada fatiada grega), *Tsatsiki* (molho de iogurte com pepino ralado) e maionese (este prato geralmente não consta do cardápio escrito).

MITTAGESSEN & ABENDESSEN
VORSPEISEN (VS)

SALATE

Grüner Salat/Blattsalat	€ 4.50
Gemischter Salat (Eisbergsalat, Gurken, Tomaten, Paprika, Mais, Zwiebeln)	€ 7.00
Thunfischsalat (gemischter Salat, Thunfisch, Oliven)	€ 7.50
Griechischer Bauernsalat (gemischter Salat, Fetakäse)	€ 6.00
Kartoffelsalat	€ 5.50
Krautsalat (Kraut, Kümmel, Speck)	€ 5.50
Selleriesalat mit Äpfeln und Nüssen	€ 7.00
Wurstsalat	€ 8.00
Dressing (Frenchdressing, Joghurtdressing, Knoblauchdressing, Kräuterdressing)	

SUPPEN

Aalsuppe (Norddeutschland, Hamburg)	€ 7.00
Erbsensuppe (mit Würstchen)	€ 5.50
Gemüsesuppe	€ 5.50
Gulaschsuppe	€ 6.50
Kartoffelsuppe	€6.00
Kartoffelrahmsuppe mit Steinpilzen	€ 10.50
Kartoffel-Lauchcreme Suppe	€ 8.00
Leberknödelsuppe (Bayern, A) (klare Brühe 1 Leberknödel)	€ 8.00
Ochsenschwanzsuppe	€ 7.50
Pichelsteiner Eintopf	€ 7.50
Rindsuppe mit Grießnockerln	€ 8.50
Zwiebelsuppe mit Croutons	€ 7.50

HAUPTSPEISEN (HS)

PASTA

Grüne Bandnudeln mit Sahnesoße und Gorgonzola	€ 14.00

Lasagne mit Fleischsoße (Bolognese)	€ 14.50
Spaghetti mit Tomatensoße	€ 12.00
Spaghetti Carbonara (Schinken, Sahnesoße und Ei)	€ 14.00
Tortellini mit Champignonsoße	€ 14.50

FLEISCH

Berliner Eisbein mit Sauerkraut und Erbsenpüree	€ 20.00
Gulasch mit Knödeln	€ 18.00
Gegrilltes Hähnchen mit Pommes	€ 17.00
Hühnerbrüstchen mit Steinpilzrisotto	€ 17.00
Kalbsschnitzel in Pffefersoße mit Bratkartoffeln	€ 18.00
Lammgeschnetzeltes mit Gemüse und Kartoffelpuffer	€ 15.00
Rinderbraten in Rotweinsauce mit Kartoffelklößen	€ 23.00
Rindersteakfilet mit Kräuterbutter, Rösti und Blattsalat	€ 23.00
Roastbeef mit Frankfurter grüner Soße, grünem Salat mit Kirschtomaten und Brötchen	€ 23.00
Rumpsteak mit Zwiebelsoße, gegrillten Zucchinis und Tomaten	€ 20.00
Schweinebraten mit Spätzle und Krautsalat	€ 18.00
Schweinekotelett mit Rosenkohl und Kartoffelgratin	€ 18.00
Tafelspitz mit Röstkartoffeln, Spinat und Apfelmeerrettichsoße/Apfelkren (A, CH)	€ 18.00
Wienerschnitzel vom Kalb mit Kartoffelsalat	€ 19.00

FISCH & MEERESFRÜCHTE

Forelle blau mit Butter, Zitrone und Salzkartoffeln	€ 23.00
Riesengarnelen auf Basilikumnudeln	€ 25.00
Krabbencocktail in Olivenöl-Zitronenvinaigrette auf Feldsalat und Knoblauchbaguette	€ 20.00
Kabeljaufilet gebacken auf Gemüsestreifen, Butterkartoffeln und Meerrettichsoße	€ 20.00

Lachs gebraten auf Champignons und Kräuterkartoffeln	€ 20.00
Räucherlachs mit Dill-Rahmsauce und lauwarmen Spargeln	€ 23.00
Matjesfilets mit Zwiebelsoße und Kartoffelsalat	€ 18.00
Wolfbarschfilets gebraten mit Petersilienkartoffeln, Zucchini und Tomaten	€ 25.00
Seezunge Müllerinart mit Salzkartoffeln und glasierten Möhren	€ 25.00

die Vorspeisen (VS): entradas

der grüne Salat/Blattsalat: salada verde, de folhas

der gemischte Salat (Eisbergsalat, Gurken, Tomaten, Paprika, Mais, Zwiebeln): salada mista (alface americana, pepino, tomate, pimentão, milho, cebola)

der Thunfischsalat (gemischter Salat, Thunfisch, Oliven): salada de atum, incluindo a salada mista, e azeitonas

der griechische Bauernsalat (gemischter Salat, Fetakäse): salada camponesa grega, incluindo a salada mista, tomate e queijo feta (queijo branco grego feito com leite de ovelha ou cabra)

der Kartoffelsalat: salada de batata

der Krautsalat (Kraut, Kümmel, Speck): salada de repolho refogado, temperado com cominho e toucinho frito

der Selleriesalat mit Äpfeln und Nüssen: salada de salsão com maçãs e nozes

der Wurstsalat: salada feita com um tipo de salsicha cortada em tiras e temperada com vinagre, óleo, cebola e pepino em conserva (há variantes com tiras de queijo). É típica da Alsácia, do sul da Alemanha, da Áustria e da Suíça.

das Dressing: molho pronto e industrializado para salada

das Frenchdressing: molho com azeite, vinagre, sal e pimenta

das Joghurtdressing: molho com iogurte

das Knoblauchdressing: molho com alho

das Kräuterdressing: molho com ervas

die Suppen: Sopas

die Aalsuppe: caldo de enguia, preparado com legumes, vinagre e várias ervas frescas, típico do Norte da Alemanha, especialmente Hamburgo

die Erbsensuppe (mit Würstchen): sopa de ervilha, preparada com toucinho, salsicha tipo ***Frankfurter*** ou ***Wiener*** cortada em rodelas, ou ainda ***Kassler*** picado

die Gemüsesuppe: caldo com legumes cortados em pequenos pedaços

die Gulaschsuppe: sopa feita com pedaços de carne cozidos, cebola, cenoura, pimentão e creme de leite

die Kartoffelsuppe: sopa creme de batata. Há muitas receitas: pode ser servida com salsicha (***Bockwurst, Wiener***), patê de fígado (***Leberwurst***) ou chouriço (***Blutwurst***).

die Kartoffelrahmsuppe mit Steinpilzen: sopa creme de batata com creme de leite fresco e cogumelo porcino

die Kartoffel-Lauchcreme Suppe: sopa creme de batata e alho-poró

die Leberknödelsuppe (Bayern, A): caldo claro com um bolinho de fígado (boi ou porco), típico no Sul da Alemanha e na Áustria

die Ochsenschwanzsuppe: caldo de rabo de boi

der Pichelsteiner Eintopf: sopão consistente, com pedaços de carne refogados e diversos legumes

die Rindsuppe mit Grießnockerln: caldo de carne com lascas de carne, legumes e bolinhos de semolina

die Zwiebelsuppe mit Croutons: sopa de cebola com cubinhos tostados de pão

die Hauptspeisen (HS): pratos principais

die Pasta: termo geral para massas

die grünen Bandnudeln mit Sahnesoße und Gorgonzola: talharim verde ao molho de creme e gorgonzola

die Lasagne mit Fleischsoße (Bolognese): lasanha com molho de carne moída (bolonhesa)

die Spaghetti mit Tomatensoße: espaguete ao sugo

die Spaghetti Carbonara (Schinken, Sahnesoße und Ei): espaguete Carbonara (presunto picado, molho de creme e ovo)

die Tortellini mit Champignonsoße: *capeletti* ao molho de cogumelos

das Fleisch: carne

das Berliner Eisbein mit Sauerkraut und Erbsenpüree: joelho de porco, chucrute e purê de ervilhas, típico de Berlim

der/das Gulasch mit Knödeln: cozido de carnes com pimentão muitas vezes apimentado (***scharf***) com nhoques grandes de batata (***Kartoffelknödel***), nhoques de semolina (***Grießknödel***) ou nhoques de pão (***Semmelknödel***)

das gegrillte Hähnchen mit Pommes: frango assado com batata frita

das Hühnerbrüstchen mit Steinpilzrisotto: peito de frango com risoto de cogumelo porcino

das Kalbsschnitzel in Pfeffersoße mit Bratkartoffeln: filé fino e grande de vitela com molho de pimenta e batatas salteadas

das Lammgeschnetzelte mit Gemüse und Kartoffelpuffer: picadinho de cordeiro com legumes e panqueca de batata

der Rinderbraten in Rotweinsauce mit Kartoffelklößen: assado bovino ao molho de vinho tinto com nhoques grandes de batata

das Rindersteakfilet mit Kräuterbutter, Rösti und Blattsalat: filé-mignon com manteiga de ervas, panqueca de batata ralada e salada de folhas

das Roastbeef mit Frankfurter grüner Soße, grünem Salat mit Kirschtomaten und Brötchen: rosbife com molho de creme com sete ervas, salada de alface, tomates cereja e pãozinho

das Rumpsteak mit Zwiebelsoße, gegrillten Zucchinis und Tomaten: contrafilé com molho de cebola, abobrinhas e tomates assados

der Schweinebraten mit Spätzle und Krautsalat: assado de porco com nhoque miúdo (ralado) e salada de repolho cozido, com cominho e toucinho

das Schweinekotelett mit Rosenkohl und Kartoffelgratin: bisteca de porco com couve-de-bruxelas e batata gratinada

der Tafelspitz mit Röstkartoffeln, Spinat und Apfelmeerrettichsoße/Apfelkren (A, CH): peça de carne bovina triangular, próxima ao rabo, tenra e cozida. É servido com batatas cozidas douradas na manteiga, espinafre e purê de maçã com raiz-forte.

das Wienerschnitzel vom Kalb mit Kartoffelsalat: filé de vitela empanado com salada de batata

der Fisch: peixe

die Meeresfrüchte: frutos do mar

die Forelle blau mit Butter, Zitrone und Salzkartoffeln: truta azul com manteiga, limão e batatas cozidas

die Riesengarnelen auf Basilikumnudeln: camarões gigantes sobre macarrão ao manjericão

der Krabbencocktail in Olivenöl-Zitronenvinaigrette auf Feldsalat und Knoblauchbaguette: coquetel de camarões em azeite e limão sobre salada de rapúncio e baguete com alho

das Kabeljaufilet gebacken auf Gemüsestreifen, Butterkartoffeln und Meerrettichsoße: filé de bacalhau assado sobre tiras de legumes, batatas na manteiga e molho de raiz-forte

der Lachs gebraten auf Champignons und Kräuterkartoffeln: salmão grelhado sobre cogumelos e batatas com cheiro-verde

der Räucherlachs mit Dill-Rahmsauce und lauwarmen Spargeln: salmão defumado com molho de creme e endro/dill e aspargos mornos

die Matjesfilets mit Zwiebelsoße und Kartoffelsalat: filés de arenque salmourados com molho de cebola e salada de batata

die Wolfbarschfilets gebraten mit Petersilienkartoffeln, Zucchini und Tomaten: filé de robalo grelhado com batata com salsinha, abobrinhas e tomates

die Seezunge Müllerinart mit Salzkartoffeln und glasierten Möhren: linguado empanado com batatas cozidas e cenouras carameladas

GETRÄNKE

HEIßE GETRÄNKE

Kaffee/Café Crème/Schümli (CH)	€ 2.20
Kaffee Hag (koffeinfrei)	€ 2.20
Schonkaffee	€ 2.20
Kurzer Espresso (ristretto)	€ 2.40
Espresso Macchiato	€ 2.30
Verlängerter schwarz oder braun	€ 2.40
Kleiner Mokka/kleiner Brauner (A)	€ 2.80
Großer Mokka/großer Brauner (A)	€ 3.50
Wiener Melange	€ 3.50
Cappuccino (mit Sahne)	€ 2.70
Caffè Latte	€ 2.40
Latte Macchiato mit Schokolade	€ 3.00
Heiße Schokolade	€ 2.90
Tee (Pfefferminz, Schwarz, Hagebutte, Grün, Kamille, Früchte, Rooibos) (Teebeutel)	€ 2.20
Kännchen Tee	€ 4.40

ALKOHOLFREIE GETRÄNKE

Wasser mit/ohne Kohlensäure 0,2l (stilles Mineralwasser, Sprudelwasser/Selterswasser)	€ 2.20
Frisch gepresster Orangensaft	€ 4.60

Saft (Orange, Apfel, Grapefruit, Kirsche, Traubensaft)	€ 2.50
Softdrinks 0,2l (Coca Cola, Cola Light, Sprite, Fanta)	€ 2.20
BIERE	
Flaschenbier 0,33l	€ 2,70
Pils 0,3l	€ 2.30
Helles 0,5l	€ 3,30
Malzbier 0,25l	€ 2,20
Radler (Pils+Sprite)	€ 2,70
Alster (Pils + Fanta)	€ 2,70
OFFENE WEINE - WEINE - SEKT - CHAMPAGNER	
Weißwein 0,2l	€ 4.50
Rotwein 0,2l	€ 4.50
Glas Sekt 0,1l	€ 7.00
Fl. Prosecco	€ 16.00
Cocktails - Longdrinks	€ 5.20
Spirituosen 2 cl (Campari, Whisky, Wodka, Tequila, Gin, Rum, Martini, Schnaps)	€ 5.00

Veja *Dica 13: Vinhos na Alemanha e na Áustria*, p. 77

das Getränk: bebida

heiße Getränke: bebidas quentes

der Kaffee/Café Crème/Schümli (CH): café preparado com 50% a mais de água que um expresso e sobre o qual se forma uma espuma devido à pressão. Na Suíça é conhecido popularmente por *Schümli*, que significa "espuminha".

der Kaffee Hag (koffeinfrei): café descafeinado (marca de origem alemã que existe desde 1908)

der Schonkaffee: café cuja acidez é reduzida por um tratamento a vapor dos grãos antes da torrefação, porém, não é descafeinado

der Espresso: café expresso

der kurze Espresso (*ristretto***):** café expresso curto

der Espresso Macchiato: café expresso com um pouco de leite

der Verlängerte schwarz oder braun: café longo preto (puro) ou marrom (com leite)

der kleine Mokka/kleine Brauner: na Áustria, café expresso puro, ou servido com leite à parte numa leiteira muito pequena, para que a pessoa possa colocar o quanto desejar e assim definir a tonalidade marrom (*braun*) do café
der große Mokka/große Brauner: na Áustria, o mesmo que *Kleiner Mokka*, só que o dobro
die Wiener Melange: mistura vienense, expresso um pouco alongado com a mesma quantidade de leite e café, e a espuma do leite cobrindo a parte superior
der Cappuccino (mit Sahne): cappuccino (com chantili)
der Caffè Latte: café expresso com leite, aquecido com jato de vapor, e sua espuma
der Latte Macchiato mit Schokolade: leite com chocolate
die heiße Schokolade: chocolate quente
der Tee (Pfefferminz, Schwarz, Hagebutte, Grün, Kamille, Früchte, Rooibos): chá (hortelã, preto, baga de roseira brava, verde, camomila, frutas, rooibos — chá da África do Sul, sem cafeína)
der Teebeutel: saquinho de chá
das Kännchen Tee: bule pequeno de chá

alkoholfreie Getränke: bebidas sem álcool
das Wasser mit/ohne Kohlensäure 0,2l: água com/sem gás 200 ml
das stille Mineralwasser: água mineral sem gás
das Sprudelwasser/Selterswasser: água mineral com gás
der frisch gepresste Orangensaft: suco de laranja feito na hora
der Saft: suco
der Orangensaft: suco de laranja
der Apfelsaft: suco de maçã
der Grapefruitsaft: suco de toranja (fruta cítrica grande, o dobro de uma laranja, com casca amarela e polpa suculenta bastante ácida)
der Kirschsaft: suco de cereja
der Traubensaft: suco de uva
die Softdrinks 0,2l (Coca-Cola, Coca-Cola Light, Sprite, Fanta): refrigerantes

Biere: cervejas[1]
das Flaschenbier 0,33l: cerveja de garrafa de 330 ml
das Pils 0,3l: cerveja clara tipo Pilsen de 300 ml
das Helle: chope claro
das Malzbier 0,25l: cerveja malte de 250 ml

1. Para pedir diz-se Ein, zwei, drei... Bier, sem plural.

der Radler (Pils + Sprite): cerveja clara com Sprite (essa mistura pode variar conforme a região)

das Alster (Pils + Fanta): cerveja com Fanta (essa mistura pode variar conforme a região)

die offenen Weine: vinhos abertos (servidos por taça)

der Wein: vinho

der Sekt: vinho espumante

der Champagner: champanhe, vinho espumante da região da Champanha e conforme processo de fabricação próprio

der Weißwein (0,2l): vinho branco (200 ml)

der Rotwein (0,2l): vinho tinto (200 ml)

das Glas Sekt (0,1l): taça de vinho espumante (100 ml)

die Fl. (Flasche) Prosecco: garrafa de vinho espumante Prosecco

der Cocktail: coquetel, combinação de bebidas alcoólicas com sucos

der Longdrink: variação do coquetel, porém com volume maior, entre 160 ml e 280 ml

die Spirituose 2cl (Campari, Whisky, Wodka, Tequila, Gin, Rum, Martini, Schnaps): bebida de alto teor alcoólico, destilado; dose de 20 ml

der Schnaps: aguardente

Veja *Dica 13: Vinhos na Alemanha e na Áustria*, p. 77

ALIMENTAÇÃO

NACHTISCH - DESSERT

Frisches Obst	€ 3.00
Obstsalat von exotischen Früchten mit Vanilleeis	€ 5.50
Obstkuchen (Kirschkuchen, Zwetschgenkuchen)	€ 4.00
Gemischtes Eis mit/ohne Sahne (Schokolade, Erdbeer, Himbeer, Vanille, Zitrone)	€ 5.00
Rote Grütze	€ 4.00
Götterspeise	€ 5.00
Kirsch-Quark-Kuchen	€ 4.00
Lauwarmer Schokoladenkuchen mit Vanilleeis	€ 6.80
Warmer Apfelstrudel mit Vanilleeis und Sahne	€ 7.00
Nusstorte/Mandeltorte	€ 6.00
Nusskuchen/Schokoladenkuchen	€ 6.00
Pfannkuchen/Eierkuchen	€ 4.00

Pudding/Flammeri (Schokolade, Vanille)	€ 3.50
Berliner Pfannkuchen/Kreppel/Krapfen (süddt., A)	€ 3.00
Schwarzwäldertorte	€ 7.00
Linzer Torte	€ 7.00
Sacher Torte	€ 7.00
Waffeln mit Puderzucker, Erdbeeren, heißen Kirschen	€ 4.00

der Nachtisch/das Dessert: sobremesa

das frische Obst: fruta fresca

der Obstsalat von exotischen Früchten mit Vanilleeis: salada de frutas exóticas com sorvete de baunilha

der Obstkuchen (Kirschkuchen, Zwetschgenkuchen): torta de frutas (torta de cereja, torta de ameixa)

das gemischte Eis mit/ohne Sahne (Schokolade, Erdbeer, Himbeer, Vanille, Zitrone): taça de sorvete com 2 ou 3 sabores a escolher (chocolate, morango, framboesa, baunilha, limão)[1], com ou sem chantili

die Rote Grütze: sagu de frutas vermelhas

die Götterspeise: gelatina na Alemanha e na Áustria; na Suíça é um pavê com compota de fruta e chantili

der Kirsch-Quark-Kuchen: torta de cereja e ricota

der lauwarme Schokoladenkuchen mit Vanilleeis: bolinho de chocolate morno com sorvete de baunilha

der warme Apfelstrudel mit Vanilleeis und Sahne: bolo de massa finíssima com recheio de maçã e passas, servido quente e acompanhado de sorvete de baunilha e chantili

die Nusstorte: torta de nozes com recheio de nozes carameladas inteiras e às vezes coberta de massa, ou pode ser também um bolo de nozes confeitado

der Pfannkuchen/der Eierkuchen: panqueca

der Berliner Pfannkuchen/der Kreppel/der Krapfen (süddt., A): sonho com recheio

der Pudding/das Flammeri (Schokolade, Vanille): pudim

1. Para se referir à bola de sorvete use a palavra *(die) Kugel*. Ex.: *Eine Kugel Himbeereis und eine Kugel Zitroneneis, bitte.* (Uma bola de sorvete de framboesa e uma bola de sorvete de limão, por favor.)

die Schwarzwäldertorte: torta Floresta Negra (três camadas de massa de bolo de chocolate com recheio de cerejas, chantili e cobertura)

die Linzer Torte: torta de Linz (A) (massa feita com amêndoas moídas e canela, recheio de geleia de framboesa e massa trançada cobrindo a torta)

die Sacher Torte: bolo de chocolate, com recheio de damasco e cobertura de chocolate (especialidade de Viena)

die Waffeln mit Puderzucker/Erdbeeren/heißen Kirschen: waffles com açúcar de confeiteiro/morangos/cerejas quentes

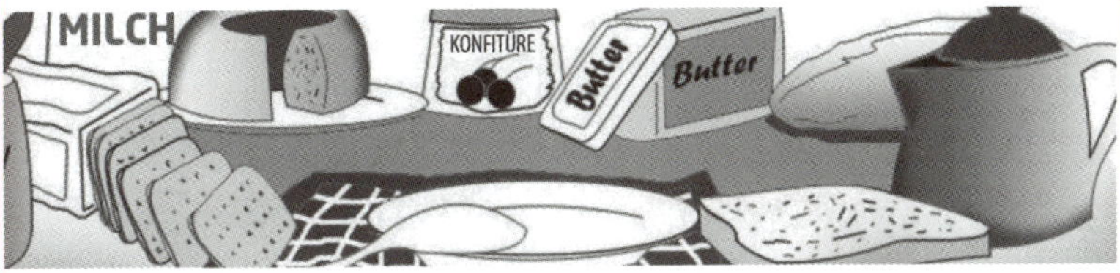

ALIMENTAÇÃO (EM VIAGENS) *Verpflegung (die)*

Açúcar: *der Zucker*
Albumina (proteína): *das Eiweiß*
Bom apetite!: *Mahlzeit!, Guten Appetit!*
Carne de porco: *das Schweinefleisch*
Culinária alemã: *die deutsche Küche*
Dieta balanceada específica: *die Schonkost*
Glúten: *das Gluten*
Gordura: *das Fett*
Não posso comer... : *Ich darf kein... essen.*
Os srs. teriam algo sem... ?: *Hätten Sie etwas ohne... ?*
Refeição: *die Mahlzeit*
Tem carne neste prato?: *Ist Fleisch in dieser Speise?*
Uma refeição leve: *eine leichte Mahlzeit*
Uma refeição substancial: *eine herzhafte Mahlzeit*
Vegetariano: *der Vegetarier*

CARDÁPIO *Speisekarte (die)*
ENTRADA, PRATO PRINCIPAL E SOBREMESA *Menü (das)*

CAFÉ DA MANHÃ *Frühstück (das)*

Achocolatado: *das Kakaopulver*
Açúcar: *der Zucker*
Açúcar mascavo: *der Rohzucker*
Adoçante: *der Süßstoff*
Água: *das Wasser*
Café: *der Kaffee*
Café com leite: *der Milchkaffee*
Café puro: *der schwarze Kaffee*

Chá: *der Tee*
Croissant: *der Croissant*
Flocos (geral): *die Getreideflocken*
Flocos de aveia: *die Haferflocken*
Flocos de milho: *die Cornflakes, die Maisflocken*
Frios fatiados: *die Schnittwurst*
Fruta(s) fresca(s): *das frische Obst*
Geleia: *die Marmelade, die Konfitüre (CH)*
Geleia de cereja: *die Kirschmarmelade/-konfitüre*
Geleia de damasco: *die Aprikosenmarmelade/-konfitüre*
Geleia de laranja: *die Orangenmarmelade/-konfitüre*
Geleia de morango: *die Erdbeermarmelade/-konfitüre*
Granola: *das Müsli*
Iogurte: *der Joghurt*
Leite: *die Milch*
Leite desnatado: *die Magermilch, die entrahmte Milch*
Leite integral: *die Vollmilch*
Leite UHT: *die H-Milch*
Leite em pó: *das Milchpulver*
Linguiça em pasta: *der Wurstaufstrich, die Streichwurst*
Linguiça em pasta de carne de porco temperada: *die Mettwurst*
Manteiga: *die Butter*
Margarina: *die Margarine*
Mel: *der Honig*
Mingau de aveia com maçã ralada: *das Birchermüsli*
Ovo: *das Ei*
Ovo cozido mole/duro: *das weichgekochte/hartgekochte Ei*
Ovo frito: *das Spiegelei*
Ovo mexido: *das Rührei*
Pães, bolos e confeitos (geral): *die Backwaren*
Pão: *das Brot*
Pão branco: *das Weißbrot*
Pão integral: *das Vollkornbrot*
Pão trançado: *der Zopf (CH)*
Pãozinho alongado: *das Brötchen, der Weck, die Schrippe (Berlin)*
Pãozinho redondo: *die Semmel*
Pãozinho redondo com gergelim/papoula: *die Sesamsemmel, die Mohnsemmel*
Pãozinho redondo escuro: *der Schusterjunge*
Pão com manteiga: *das Butterbrot*
Pasta de avelãs e chocolate: *der Haselnussbrotaufstrich, die Nuss-Nougat-Creme*
Patê de fígado: *die Leberwurst*
Peru fatiado: *der Puten Aufschnitt*
Presunto (cozido): *der (gekochte) Schinken*
Presunto defumado: *der Rohschinken*
Queijo: *der Käse*
Queijo fatiado: *der Schnittkäse*
Ricota fresca (creme): *der Quark*
Ricota fresca com cebolinha fina picada (creme): *der Schnittlauchquark*
Ricota doce com baunilha (creme): *der Vanillequark*
Suco: *der Saft*
Suco de laranja: *der Orangensaft*
Suco de maçã: *der Apfelsaft*

Suco de uva: *der Traubensaft*

Torrada: *der Toast*

ALMOÇO & JANTAR *Mittagessen & Abendessen (das)*

Aperitivo: *der Appetitmacher*[1], *der Aperitif*[1]

ENTRADA *Vorspeise (die)*

Alimentos crus: *die Rohkost*
Salada de alface: *der grüne Salat*
Salada mista (folhas, tomate, pepino,cenoura ralada, pimentão fatiado, milho, cebola): *der gemischte Salat*
Salada de tomate: *der Tomatensalat*
Salada de repolho (cozido): *der Krautsalat*
Canja de galinha: *die Hühnerbouillon, die Hühnerbrühe*

Coquetel de camarões: *das Garnelencocktail/ Krabbencocktail/Schrimpscocktail, das Krevettencocktail*
Ovos de codorna: *die Wachteleier*
Ovo pochê: *das pochierte Ei, das verlorene Ei*
Sopa: *die Suppe*
Sopa de cebola: *die Zwiebelsuppe*
Sopa de legumes: *die Gemüsesuppe*

PRATO PRINCIPAL *Hautspeise (die)*

CARNE *Fleisch (das)*

Carne assada: *der Braten*
Carne bovina: *das Rindfleisch*
Carne de porco: *das Schweinefleisch*
Costeletas de porco: *das Schweinekotelett*
Carne moída: *das Hackfleisch*
Carneiro: *das Hammelfleisch, das Schaffleisch*
Cordeiro: *das Lammfleisch*
Coelho: *das Kaninchenfleisch*
Bife bovino: *das Beefsteak, das Rindersteak*
Bife de filé-mignon: *das Filet, das Filetsteak*

Bife de contrafilé: *das Rumpsteak*
Bolinho de carne moída: *die Frikadelle*
Bolo de carne moída assado: *der Hackbraten*
Cozido (prato único): *der Eintopf*
Filé fino (empanado): *das Schnitzel*
Joelho de porco: *das Eisbein, die Hachse (Haxe), das Gnagi (CH)*
Linguiça: *die Wurst*
Lombo (de porco): *die Lende*
Lombo de porco defumado: *der Kassler*
Pernil ou coxa: *die Keule*
Picadinho: *der Gulasch,*

1. As palavras *Appetitmacher* e *Aperitif* são usadas respectivamente para petiscos e bebidas.

ALIMENTAÇÃO

das Geschnetzelte
Ragu: *das Ragout*

Veado: *das Rehfleisch*
Vitela: *das Kalbsfleisch*

AVES *Geflügel (das)*

Codorna: *die Wachtel*
Filé de frango: *das Hähnchenfilet*
Frango: *das Hähnchen, das Hühnerfleisch*
Frango assado: *das gegrillte Hähnchen*
Ganso assado: *der Gänsebraten*
Pato: *die Ente*
Peito de frango: *die Hähnchenbrust, die Hühnerbrust, das Hähnchenfilet*
Peru: *der Truthahn, die Pute*
Peru assado: *der Putenbraten*
Torta de frango: *die Hühnerpastete*

PEIXES & FRUTOS DO MAR *Fische & Meeresfrüchte*

Anchovas: *die Sardellen*
Arenque: *der Hering*
Arenque salmourado: *der Matjeshering*
Atum: *der Thunfisch*
Bacalhau: *der Kabeljau*
Camarão: *die Krabbe, die Garnele*
Camarão frito: *die gebratenen Garnelen*
Enguia: *der Aal*
Lagosta: *die Languste*
Lavagante: *der Hummer*
Linguado: *die Seezunge*
Lula: *der Tintenfisch*
Marisco: *das Schalentier, die Meeresfrüchte*
Ostra: *die Auster*
Peixe: *der Fisch*
Polvo: *der Tintenfisch*
Salmão: *der Lachs*
Salmão defumado: *der Räucherlachs*
Sardinha: *die Sardine*
Truta: *die Forelle*

ACOMPANHAMENTO (GUARNIÇÃO) *Beilage (die) & Garnitur (die)*

Arroz: *der Reis*
Batata: *die Kartoffel*
Batata frita: *die Pommes (frites), die Fritten*
Batata cozida com casca, servida com acompanhamentos: *die Pellkartoffel*
Batata salteada: *die Bratkartoffel, die Rostkartoffel*
Chucrute: *das Sauerkraut*
Espaguete: *die Spaghetti*
Macarrão: *die Nudel*
Macarrão tipo miojo: *die Instantnudeln, die Fertignudeln*
Massas: *die Pasta, die Teigwaren*
Lasanha: *die Lasagne, der Nudelauflauf*
Nhoque de batata: *der Kartoffelkloß, der Kartoffelknödel*
Nhoque de pão: *der Semmelkloß*
Panqueca: *der Pfannkuchen, der Eierkuchen*
Panqueca de batata:

der Kartoffelpuffer, die Rösti
Purê de batata: *das Kartoffelpüree*
Omelete: *das/die Omelett*
Queijo ralado: *der geriebene Käse*
Ravióli: *die Maultasche*
Suflê: *das Soufflé, der Eierauflauf*

PREPAROS *Zubereitungen*

Abafado: *gedämpft*
Assado: *gebacken, gegrillt*
Cortado em tiras e com molho: *geschnetzelt*
Cozido: *gekocht*
Defumado: *geräuchert*
Fervido: *gesiedet*
Frito: *gebraten, frittiert*
Gratinado: *überbacken*
Grelhado: *gegrillt*
Milanesa: *paniert*
No vapor: *im Dampf*
Produção própria: *hausgemacht*
Salteado: *gebraten*

LEGUMES *Gemüse (das)*

Abóbora: *der Kürbis*
Abobrinha: *die Zucchini*
Aipo: *der Sellerie*
Alcachofra: *die Artischocke*
Alface: *der Kopfsalat*
Alho: *der Knoblauch*
Alho-poró: *der Lauch*
Aspargo: *die Spargel*
Batata: *die Kartoffel*
Berinjela: *die Aubergine*
Beterraba: *die Rote Beete/Rübe*
Brócolis: *der Broccoli/Brokkoli*
Cebola: *die Zwiebel*
Cenoura: *die Mohrrübe, die Karotte*
Cogumelo: *der Pilz, der Champignon*
Couve-de-bruxelas: *der Rosenkohl, die Kohlsprosse (A)*
Couve-de-milão (couve-lombarda): *der Wirsing, der Wirsingkohl, der Wirz (CH)*
Couve-flor: *der Blumenkohl*
Couve-rábano: *der Kohlrabi*
Ervilhas: *die Erbsen*
Espinafre: *der Spinat*
Feijão: *die Bohnen*
Grão-de-bico: *die Kichererbse*
Lentilha: *die Linse*
Milho verde (espiga): *der Mais(kolben)*
Nabo: *der Rettich*
Palmito: *die Palmherzen*
Pepino: *die Gurke*
Pimentão: *die Paprika*
Quiabo: *die Okra(schote)*
Rabanete: *das Radieschen*
Repolho: *der Kohlkopf*
Repolho branco: *das Weißkraut, der Weißkohl*
Repolho roxo: *das Rotkraut, der Rotkohl*
Repolho verde: *der Grünkohl, der Federkohl (CH)*
Salsinha: *die Petersilie*
Tomate: *die Tomate*
Vagem: *die grünen Bohnen*

CONDIMENTOS & ERVAS *Gewürze & Kräuter*

Açafrão: *der Safran*
Alcaparra: *die Kapern*
Alecrim: *der Rosmarin*
Amargo (acre): *bitter, herb*
Apimentado: *scharf, pikant*
Azeite: *das Olivenöl*
Azeitona: *die Olive*
Baunilha: *die Vanille*
Canela: *der Zimt*
Cheiro-verde: *die frischen Kräuter*
Cominho: *der Kümmel*
Condimento: *das Gewürz*
Condimentado: *würzig, gewürzreich, (stark) gewürzt*
Cravo: *die Nelke*
Ervas: *die Kräuter*
Gengibre: *der Ingwer*
Gergelim: *der Sesam*
Ketchup: *der Ketchup*
Louro: *der Lorbeer*
Maionese: *die Mayonnaise, die Majonäse*
Molho: *die Soße, die Sauce (CH)*
Molho de raiz-forte: *die Meerrettichsoße, die Krensoße (A)*
Molho de tomate: *die Tomatensoße*
Manjericão: *der Basilikum*
Mostarda: *der Senf*
Noz-moscada: *die Muskatnuss*
Orégano: *der Oregano*
Papoula: *der Mohn*
Pepino em conserva: *die Essiggurke*
Picante: *scharf, pikant*
Pimenta: *der Pfeffer*
Sal: *das Salz*
Sálvia: *die Salbei*
Tempero: *das Gewürz, die Würze*
Tomilho: *der Thymian*
Trufa: *die Trüffel*
Vinagre: *der Essig*
Zimbro: *die Wacholderbeere*

DOCES & SOBREMESA *Süßigkeiten & Nachtisch (der)*

Alcaçuz: *die Lakritze*
Arroz-doce: *der Milchreis*
Bala: *der/das Bonbon*
Biscoito caseiro: *das Plätzchen*
Biscoito doce: *das Gebäck, der Keks*
Biscoito de especiarias (canela, cravo, gengibre): *der Spekulatius*
Biscoitos de Natal: *das Weihnachtsgebäck*
Bolo: *der Kuchen*
Bolo de chocolate: *der Schokoladenkuchen*
Bolo cuca: *der Streuselkuchen*
Bolo Floresta Negra: *die Schwarzwälderkirschtorte*
Bolo mármore (frapê): *der Marmorkuchen*
Bolo de Natal com passas e amêndoas: *der Stolle, der Stollen (süddt., A, CH)*
Bombom de chocolate: *die Praline*
Chiclete: *der Kaugummi*
Creme chantili: *die Schlagsahne, die Sahne*

Compota: *das Mus*

Enroladinho com passas: *die Schneckennudel mit Rosinen*

Gelatina: *die Gelatine, der Wackelpudding, die Götterspeise*

Marzipã: *der/das Marzipan*

Panqueca: *der Pfannkuchen, der Eierkuchen*

Panqueca grossa com uvas passas, cortada em tiras e servida com açúcar e compotas de frutas (prato principal doce): *der Kaiserschmarren*

Pão de mel natalino: *der Lebkuchen*

Pudim: *der Pudding*

Rocambole: *die Biskuitrolle*

Rosca de nozes: *der Nusskranz*

Sagu de frutas vermelhas: *die rote Grütze*

Salada de frutas: *der Obstsalat*

Sonho: *der Berliner Pfannkuchen, der Kreppel, der Krapfen (süddt., A)*

Sorvete: *das Eis*

Sorvete de creme: *das Vanilleeis*

Sorvete de chocolate: *das Schokoladeneis*

Strudel de maçã: *der Apfelstrudel*

Torta de frutas: *der Obstkuchen*

Torta de ameixa: *der Zwetschgenkuchen*

Torta de cereja: *der Kirschkuchen*

Torta de queijo e cereja: *der Käsekirschkuchen*

Torta de maçã: *der Apfelkuchen*

Torta de morango: *der Erdbeerkuchen*

Torta de Linz: *die Linzer Torte (torta com recheio de framboesa)*

Torta Sacher (Viena): *die Sacher Torte (bolo de chocolate com recheio de damasco)*

Tortinha fechada de maçã: *die Apfeltasche*

Ursinhos de goma: *die Gummibärchen*

Waffle: *die Waffel (servido quente com açúcar, geleia, calda de chocolate)*

FRUTAS *Obst (das)*

Abacate: *die Avocado*

Abacaxi: *die Ananas*

Ameixa fresca: *die Pflaume, die Zwetschge, die Quetsche*

Banana: *die Banane*

Cereja: *die Kirsche*

Coco: *die Kokosnuss*

Damasco: *die Aprikose, die Marille (A)*

Figo: *die Feige*

Framboesa: *die Himbeere*

Goiaba: *die Guave*

Kiwi: *der Kiwi*

Laranja: *die Apfelsinne*

Limão-siciliano: *die Zitrone*

Limão tahiti: *die Limette*

Maçã: *der Apfel*

Manga: *die Mango*

Maracujá: *die Passionsfrucht, die Maracuja*

Melancia: *die Wassermelone*

Melão: *die Melone*

Mexerica: *die Mandarine*

Morango: *die Erdbeere*

Papaia: *die Papaya*
Pêssego: *der Pfirsich*
Pera: *die Birne*
Toranja: *die Grapefruit, die Pampelmuse*
Uvas: *die Trauben*

FRUTAS SECAS & CASTANHAS *Trockenobst & Nüsse*

Ameixa seca: *die Trockenpflaume, die gedörrte Zwetschge (A)*
Amêndoa: *die Mandel*
Amendoim: *die Erdnuss*
Avelã: *die Haselnuss*
Castanha: *die Kastanie, die Maroni*
Castanha de caju: *die Caschunuss, die Cashewnuss*
Castanha-do-pará: *die Paranuss*
Macadâmia: *die Macadamianuss*
Mistura de frutas secas: *das Studentenfutter*
Noz: *die Nuss, die Walnuss, die Pekannuss*
Pistache: *die Pistazien (pl.)*
Tâmara: *die Dattel*
Uva-passa: *die Rosine*

LANCHES *belegte Brote & Snacks*

Bolacha água e sal: *der Kräcker*
Cachorro-quente: *der/das Hotdog*
Döner-Kebab: *der Döner-Kebab*
Embutidos fatiados: *der Wurstaufschnitt*
Hambúrguer: *der Hamburger*
Hambúrguer com queijo: *der Cheeseburger*
Fatia de pão com... : *das belegte Brot (uma fatia de pão com manteiga, patê, ricota, frios ou queijo fatiado nem sempre coberta por outra fatia de pão)*
Fatia de pão com manteiga: *das Butterbrot*
Fatia de pão com frios/salame: *das belegte Brot mit Wurst/Salami*
Fatia de pão com patê de fígado e pepino em conserva: *das belegte Brot mit Leberwurst und Essiggurken*
Fatia de pão com pasta de queijo/ ricota com ervas: *das belegte Brot mit Käseaufstrich/ Kräuterquark*
Frios fatiados: *die Schnittwurst*
Lanche: *der Snack, der Imbiss*
Lanche à noite: *das Abendbrot, die Brotzeit (süddt.)*
Linguiça com pãozinho: *die Bratwurst mit Brötchen*
Mussarela: *der Mozzarella*
Ovo frito com bacon: *das Spiegelei mit Schinkenspeck*
Ovo frito com presunto: *das Spiegelei mit Schinken*
Pão com sementes de girassol: *das Sonnenblumenbrot*
Pão de alho: *das Knoblauchbrot*
Pão de centeio: *das Roggenbrot*
Pão de massa escura e firme: *der Pumpernickel*

Pão em forma de laço com sal grosso: *die Laugenbretzel, die Bretzel*
Pão preto: *das Schwarzbrot, das Graubrot*
Pão sírio: *das Pitabrot*
Pão sueco (fino e crocante): *das Knäckebrot, das Wasabrot*
Pasta de passar no pão: *der Aufstrich*
Pasta de queijo: *der Käseaufstrich*
Pasta de ricota: *der Quark*
Patê de fígado: *die Leberwurst*
Pizza: *die Pizza*
Pedaço de pizza: *das Pizzastück*
Prato de frios e queijos: *der Wurst- und Käseteller*
Queijo ralado: *der geriebene Käse*
Queijos sortidos: *die Käseplatte*
Lombo de porco defumado fatiado: *der Kassler Aufschnitt*
Salame: *die Salami*
Salsicha: *das Würstchen (Frankfurter, Wiener)*
Salgadinho: *das Salzgebäck, das Knabbergebäck*
Sanduíche: *der/das Sandwich*
Sanduíche de atum: *der/das Thunfischsandwich*
Sanduíche de presunto e queijo: *der/das Schinken-Käse Sandwich*
Tábua de frios com pão: *die Wurstplatte mit Brot*
Tábua de queijos com pão: *die Käseplatte mit Brot*

BEBIDAS *Getränke*

Água mineral: *das Mineralwasser*
Água com gás: *das Sprudelwasser, das Mineralwasser mit Kohlensäure*
Água mineral naturalmente gasosa: *das Selters(wasser)*
Café com leite: *der Milchkaffee, der Espresso Macchiato, der Braune (A)*
Café puro: *der schwarze Kaffee, der Espresso, der Mokka (A), der Schümli (CH)*
Café descafeinado: *der koffeinfreie Kaffee*
Cappuccino: *der Cappuccino*
Chá: *der Tee*
Leite achocolatado: *die Schokoladenmilch, die Schokomilch*
Limonada: *die Limonade, der Zitronensaft*
Milk-shake: *der Milchshake, der Milchmix*
Refrigerante: *das Erfrischungsgetränk, die Limo(nade), der Softdrink*
Suco: *der Saft*

BEBIDAS ALCOÓLICAS *alkoholische Getränke*

Aguardente: *der Schnaps*
Cerveja: *das Bier*
Cerveja malte: *das Malzbier*
Chope: *das Bier vom Fass (Fassbier), das frisch gezapfte Bier*
Conhaque: *der Weinbrand, der Branntwein, der Brandy*
Destilado: *die Spirituose*

Drinque doce feito com rum e suco de frutas: *der Daiquiri*

Drinque feito com suco de abacaxi, coco e vodca ou aguardente: *die Piña colada*

Drinque feito com suco de tomate e vodca: *die Bloody Mary*

Drinque feito com tequila e suco de limão-galego ou tahiti: *die Margarita*

Gim: *der Gin (der Wacholderbranntwein)*

Gim-tônica: *der Gin Tonic*

Martíni seco: *der Dry Martini*

Vinho: *der Wein*

Vinho branco: *der Weißwein*

Vinho espumante: *der Sekt*

Vinho quente: *der Glühwein*

Vinho tinto: *der Rotwein*

Vodca: *der Wodka*

Uísque: *der Whisky*

Com gelo: *mit Eis*

Cubo de gelo: *der Eiswürfel*

Puro: *pur*

CAPÍTULO 5
KAPITEL 5

Atrações turísticas & lazer e diversão

Dialog 9: Können Sie bitte einige Sehenswürdigkeiten empfehlen?

Touristin: *Guten Tag. Ich möchte die Stadt besichtigen. Können Sie bitte einige Sehenswürdigkeiten empfehlen?*

An der Rezeption: *Aber gern, wir haben ein breites Spektrum an historischen und kulturellen Sehenswürdigkeiten. Haben Sie schon etwas besichtigt?*

Touristin: *Eigentlich noch nicht. Ich bin erst gestern Abend angekommen.*

An der Rezeption: *Also, ich zeige Ihnen einige Attraktionen auf dem Stadtplan. Wofür interessieren Sie sich besonders: die Altstadt, Museen, Denkmäler, Parks ?*

Veja a tradução desse diálogo na p. 160

Planejando um passeio turístico pela cidade
Eine Stadtbesichtigung planen

Gostaríamos de fazer um passeio turístico, o que o(a) sr.(a) nos recomendaria?
Wir möchten die Stadt besichtigen, was würden Sie uns empfehlen?

Quais são as atrações turísticas da cidade?
Welche sind die Sehenswürdigkeiten der Stadt?

Há um posto de informações turísticas perto?
Ist ein Fremdenverkehrsbüro in der Nähe?

O(A) sr.(a) pode nos dar um mapa com as atrações turísticas?
Hätten Sie bitte einen Stadtplan mit den Sehenswürdigkeiten?

O(A) sr.(a) pode recomendar-nos um passeio turístico pela cidade?
Können Sie uns bitte einen Stadtrundgang empfehlen?

Quanto custa este passeio?
Was kostet dieser Ausflug?

Quanto tempo de duração?
Wie lange dauert er/es/sie?

Onde começa esta excursão?
Wo fängt der Ausflug an?

A que horas começa a excursão?
Um wie viel Uhr fängt der Ausflug an?

A que horas estaremos de volta?
Wann sind wir zurück?

Vamos ter tempo livre para fazer compras?
Haben wir Zeit für Einkäufe?

O guia fala português/espanhol/inglês?
Spricht der Reiseführer Portugiesisch/Spanisch/Englisch?

O(A) sr.(a) pode me mostrar isso no mapa?
Können Sie mir das auf dem Stadtplan zeigen?

DICA 15: LOCAÇÃO DE BICICLETAS
TIPP 15: FAHRRÄDER MIETEN

Na *Alemanha*, a Deutsche Bahn (DB), empresa de transporte ferroviário, implantou o sistema de locação de bicicletas *Call a Bike (www.callabike.de)*. Para fazer a inscrição *(Registrierung* ou *Anmeldung)* por telefone ou no site é preciso usar um cartão de crédito (Visa ou Mastercard) e um celular. As bicicletas podem ser locadas nas estações de trens e em locais de muito movimento e devolvidas em local diferente da retirada. O custo é de € 0,08 por minuto ou € 9 por 24h. Entre as muitas empresas particulares de locação há uma concessionária, a Next Bike *(www.nextbike.de)*, presente na maioria das grandes cidades alemãs e em algumas da Áustria, que aluga a hora por € 1.

Com a Citybike, em *Viena*, é possível obter um cartão para turistas junto a hotéis e pensões e pedalar por 1h gratuitamente; apenas a partir da segunda hora é cobrado € 1 por hora adicional.

Em *Zurique*, na Suíça, a locação de bicicletas durante o dia é gratuita nas estações de trem norte e sul e em outros pontos de abril a setembro, mediante apresentação de documento de identidade e um depósito de SFr. 20. À noite a locação custa SFr. 10. A devolução é independente do local de retirada. Veja: *http://www.schweizrollt.ch/*(link para Zürirollt e outras cidades). As condições gerais de uso *(AGB - Allgemeine Geschäftsbedingungen)* estão nos sites.

Fazendo um passeio turístico pela cidade
Eine Stadtbesichtigung machen

Qual a distância até a catedral/o castelo/o palácio/o monumento?
Wie weit ist es bis zum Dom/zur Burg (Festung)/zum Schloss (Königspalast)/zum Denkmal?

Podemos parar aqui para tirar fotos?
Können wir hier für Fotos anhalten?

O(A) sr.(a) poderia, por favor, tirar uma foto nossa?
Können Sie bitte ein Bild von uns machen?

Há lojas de souvenirs por aqui?
Gibt es hier Souvenirgeschäfte?

Há banheiro aqui?
Gibt es hier eine Toilette?

Quanto tempo vamos ficar aqui?
Wie lange bleiben wir hier?

A catedral/o castelo/o palácio/o museu está aberto ao público?
Ist der Dom/die Burg/das Schloss/das Museum dem Publikum geöffnet?

Quando foi construído(a)?
Wann wurde es gebaut?

O(A) sr.(a) tem este guia da cidade em português/espanhol/alemão?
Haben Sie diesen Reiseführer/Stadtführer auf Portugiesisch/Spanisch/Deutsch?

Há um acesso para deficientes lá?
Gibt es da einen Zugang für Behinderte?

Quanto custa a entrada?
Wie viel kostet der Eintritt?

Tem desconto para crianças/estudantes/grupos/terceira idade?
Gibt es eine Ermäßigung für Kinder/Studenten/Gruppen/Senioren?

PLACAS COMUNS EM PAÍSES DE LÍNGUA ALEMÃ
GÄNGIGE SCHILDER IN DEUTSCHSPRACHIGEN LÄNDERN

ELEVADOR

CADEIRANTES

PRIMEIROS SOCORROS

CUIDADO DEGRAU!

SAÍDA DE EMERGÊNCIA

SAÍDA DE EMERGÊNCIA À DIREITA

SAÍDA DE BOMBEIROS
MANTER LIVRE DIA E NOITE

PEDESTRES UTILIZEM O OUTRO LADO DA RUA

DESATIVADO/QUEBRADO

ESTACIONAMENTO PARA CADEIRANTES

ESTACIONAMENTO SÓ PARA CLIENTES

ESTACIONAMENTO SÓ PARA MULHERES

PERMITIDO FUMAR

PERMITIDO FUMAR NA ÁREA FECHADA

CUIDADO! ESCORREGADIO (NA CALÇADA NO INVERNO)

PERIGO DE TROPEÇAR

ENTRADA PROIBIDA

CUIDADO! ESCORREGADIO

GLOSSÁRIO TEMÁTICO 3: LAZER & DIVERSÃO
THEMATISCHES GLOSSAR 3: FREIZEIT & UNTERHALTUNG

Abridor de garrafa: *der Flaschenöffner*
Abridor de lata: *der Büchsenöffner, der Dosenöffner*
Academia de ginástica: *das Fitnessstudio, die Turnhalle*
Acampamento: *der Campingplatz*
Acampar: *zelten/zeltete/hat gezeltet*
Aldeia: *das Dorf, die Ortschaft*
Alimentação (em viagens): *die Verpflegung*
Alpinismo: *das Bergsteigen*
Aplaudir: *Beifall klatschen*
Área para fumantes: *die Raucherzone*
Área para piquenique: *der Picknick Platz*
Areia: *der Sand*
Asa-delta: *das Drachenfliegen*
Atletismo: *die Leichtathletik, die Athletik*
Automobilismo: *der Autorennsport, das Autorennen*
Balanço: *die Schaukel*
Balcão (bar): *die Theke, der Tresen*
Banana boat: *der Bananendampfer*
Barraca: *das Zelt*
Basquetebol: *der Basketball , der Korbball*
Beisebol: *der Baseball*
Biblioteca: *die Bibliothek , die Bücherei*
Boate: *das Nachtlokal, der Nachtklub*
Boliche: *das Bowling, das Kegeln*
Boxe: *das Boxen, der Boxsport*
Brinquedo: *das Spielzeug*
Bronzeado: *die Sonnenbräune, die*

Bräune
Bronzeado(a) (adj): *gebräunt*
Bronzear-se: *sich in der Sonne bräunen lassen, sich sonnen*
***Bungee jumping*:** *das Bungeejumping*
Cabana (chalé): *die Hütte*
Cachoeira: *der Wasserfall*
Caixa de areia para crianças: *der Sandkasten*
Camping: *der Campingplatz, der Zeltplatz*
Canoagem: *der Kanusport*
Cassino: *das Kasino, das Casino (Spiel-), die Spielbank*
Castelo: *das Schloss*
Catedral: *der Dom, die Kathedrale, das Münster*
Cavalo: *das Pferd*
Caverna: *die Höhle*
Cemitério: *der Friedhof*
Centro: *die Stadtmitte, das Stadtzentrum*
Centro de convenções: *das Messegelände*
Cervejaria ao ar livre: *der Biergarten*
Churrasco: *die Grillparty*
Ciclismo: *der Radsport, das Radfahren*
Ciclovia: *der Radweg*
Cinema: *das Kino*
Circo: *der Zirkus*
Colina: *der Hügel*
Concerto: *das Konzert*
Corrida: *der Laufsport, das Laufen, das Rennen, das Joggen*
Cruzeiro: *die Kreuzfahrt, die Schiffsreise*
Danceteria: *das Tanzlokal, die Disko*
Equipe: *die Mannschaft*
Escalada: *das Bergsteigen*
Esperar na fila: *in der Schlange warten*
Esporte radical: *der Extremsport*
Esquiar: *Ski fahren, laufen*
Esquis: *die Skier*
Estação de trem (principal): *der Bahnhof (der Hauptbahnhof)*
Estacionamento: *der Parkplatz*
Estádio: *das Stadion, das Sportstadion*
Estátua: *die Statue*
Exposição: *die Ausstellung*
Fazer caminhada: *das Wandern, die Wanderung*
Fazer churrasco (grelhar): *grillen/grillte/hat gegrillt*
Fila: *die Schlange*
Filme: *der Film*
Floresta: *der Wald*
FM: *die UKW (Ultrakurzwelle)*
Formador (instrutor): *der Ausbilder*
Fortaleza: *die Burg, die Festung*
Futebol: *der Fußball*
Galeria de arte: *die Kunstgalerie*
Golfe: *das Golf*
Gramado: *die Wiese*
Guarda-sol: *der Sonnenschirm*
Handebol: *der Handball*
Hidromassagem: *der Jacuzzi, der Whirlpool*
Hipismo: *das Pferdereiten, das Reiten*
Hipódromo: *das Hippodrom, die Pferderennbahn*
Hóquei: *das Hockey*
Horários de visitação: *die Besuchszeiten (pl)*
Iate: *die Jacht*

Igreja: *die Kirche*
Inseto: *das Insekt*
Instruções de uso: *die Bedienungsanweisung*
Instrutor: *der Instrukteur*
Jardim botânico: *der Botanische Garten*
Jet ski: *der Jetski (fahren)*
Jogar (esportes, jogos): *spielen/spielte/hat gespielt*
Karatê: *das Karate*
Lago: *der See*
Lanterna: *die Taschenlampe*
Levantamento de peso: *das Gewichtheben*
Maiô feminino: *der Badeanzug*
Maiô masculino: *die Badehose*
Mar: *das Meer*
Mergulhar: *tauchen/tauchte/hat getaucht*
Mergulho com oxigênio: *das Sporttauchen, das Gerätetauchen*
Mesquita: *die Moschee*
Mirante: *der Aussichtsturm*
Montanha-russa: *die Achterbahn*
Monumento: *das Denkmal*
Morro: *die Anhöhe*
Mosteiro: *das Kloster, das Stift*
Museu: *das Museum*
Natação: *das Schwimmen*
Oceano: *die See, der Ozean*
Oceano Atlântico: *der Atlantische Ozean*
Oceano Pacífico: *der Pazifische Ozean*
Óculos de sol: *die Sonnenbrille*
Onda: *die Welle*
Ópera: *die Oper*
Ovacionar: *bejubeln/bejubelte/hat bejubelt*
Palácio: *der Palast, das Schloss, die Pfalz*
Palco: *die Bühne*
Parque: *der Park*
Parque de diversões: *der Freizeitpark, der Vergnügungspark*
Parquinho para crianças *(playground)*: *der Spielplatz*
Passar férias: *Urlaub verbringen (den)*
Passeio de barco: *der Schiffsausflug, die Schifffahrt*
Patinação: *der Rollschuhlauf, der Rollschuhsport*
Patinação no gelo: *der Eislauf, das Schlittschuhlaufen, der Eiskunstlauf*
Patins de gelo: *der Schlittschuh*
Patins de rodas: *der Rollschuh*
Peça teatral: *das Theaterstück*
Penhasco: *die Klippe, das Kliff, der Felsvorsprung*
Pesca: *das Fischen*
Piquenique: *das Picknick*
Pista de trenó: *die Rodelbahn*
Ponte: *die Brücke*
Praça: *der Platz*
Praça do mercado: *der Marktplatz*
Praia: *der Strand*
Prancha de surfe: *das Surfbrett*
Prefeitura: *das Rathaus*
Protetor solar: *der Sonnenschutz, der Sonnenblocker*
Quadra de basquete: *das Basketballfeld*
Quadra de esportes: *der Sportplatz*
Quadra de tênis: *der Tennisplatz*

Quadriciclo: *das Quad, das ATV (All Terrain Vehicle), das Geländefahrzeug*
Rafting: *das Wildwasser-Rafting, die Wildwasserkanufahrt*
Rapel: *das Abseilen*
Restaurante na prefeitura: *der Ratskeller*
Roda-gigante: *das Riesenrad*
Shopping: *das Einkaufszentrum*
Show (espetáculo): *die Show, die Vorstellung, die Schau*
Sinagoga: *die Synagoge*
Skatismo: *das Skateboardfahren, das Skateboarden*
Squash: *das Squash*
Surfar: *surfen, Wellen reiten*
Surfe: *das Surfen, das Wellenreiten*
Taco de golfe: *der Golfschläger*
Taco de hóquei: *der Hockeyschläger*
Taco de sinuca: *der/das Billardqueue, der Billardstock*
Teatro: *das Theater*
Tênis: *das Tennis*
Tênis de mesa: *das Tischtennis*
Time: *die Mannschaft*
Tirar fotografias: *das Foto aufnehmen*
Tomar banho de sol: *sich sonnen, sich in der Sonne bräunen lassen*
Torre: *der Turm*
Tour pela cidade: *die Stadtrundfahrt, die Stadtbesichtigung*
Trailer: *der Campingwagen, das Wohnmobil*
Trilha (caminho): *der Weg, der Pfad*
Trilha (esporte): *das Wandern, die Wanderung*
Tripulação: *die Mannschaft*
Vaiar: *ausbuhen, auspfeifen*
Vara de pescar: *die Angelrute*
Velejar: *segeln/segelte/hat gesegelt*
Vindima: *die Weinlese*
Visitar um lugar: *die Besichtigung, die Stadtbesichtigung*
Voleibol: *der Volleyball*
Windsurfe: *das Windsurfen, das Windsurfing*
Xadrez: *das Schach, das Schachspiel*
Zoológico: *der Zoo(logische Garten), der Tierpark*

Lazer e diversão: Vocabulário & expressões em uso
Freizeit und Unterhaltung: Wortschatz & gebräuchliche Ausdrücke

ACAMPAR: ***zelten***

Karsten und Christel haben immer gern gezeltet.

Karsten e Christel sempre gostaram de acampar.

ÁREA PARA PIQUENIQUE: ***der Picknickplatz***

Komm, wir setzen uns dort in den Schatten! Da ist ein Picknickplatz.

Venha, vamos sentar lá na sombra! Lá tem uma área para piquenique.

BRONZEADO: ***die Bräune***

Du hast eine tiefe Bräune bekommen. Hast du dich in der Sonne bräunen lassen?

Você conseguiu um bronzeado intenso. Você esteve tomando banho de sol?

CERVEJARIA AO AR LIVRE: ***der Biergarten***

Heute ist es so warm. Was meinst du, wir könnten im Biergarten essen und trinken?

Hoje está tão quente. O que você acha de irmos tomar e comer algo no Biergarten?

CRUZEIRO: ***die Schiffsreise***

Günther und Julia haben im Sommer eine Schiffsreise auf der Donau von Wien bis Budapest gemacht.

Günther e Julia fizeram um cruzeiro no verão pelo rio Danúbio de Viena até Budapeste.

DESCANSAR, RELAXAR: ***sich ausruhen/entspannen/ausrasten (süddt., A)***

Ach, ist das schön, sich im Grünen auszuruhen!

Ah, como é bom relaxar na natureza!

GRAMADO: ***die Wiese***

Die Studenten lieben es, sich auf die Wiesen der Parks zu legen und in der Sonne zu lesen.

Os estudantes adoram deitar-se nos gramados dos parques e ler ao sol.

PARQUE DE DIVERSÃO: ***der Freizeitpark***

Meine Kinder lieben Freizeitparks. Sie lieben besonders die Achterbahn, das Karussell und natürlich das Riesenrad.

Meus filhos adoram parques de diversão. Seus brinquedos preferidos são a montanha-russa, o carrossel e naturalmente a roda-gigante.

PASSAR FÉRIAS: ***den Urlaub verbringen***

Wo plant ihr, den nächsten Urlaub zu verbringen?

Onde vocês estão planejando passar as próximas férias?

PRAÇA DO MERCADO: ***der Marktplatz***

Wo treffen wir uns später? Am Marktplatz vor der Kirche?

Onde vamos nos encontrar mais tarde? Na praça do mercado diante da igreja?

PREFEITURA: ***das Rathaus***

Kennt ihr schon das Rathaus? Da kann man auch im Ratskeller gut essen.

Vocês já conhecem a prefeitura? Também pode-se comer bem lá no restaurante do prédio da prefeitura.

PROTETOR SOLAR: ***der Sonnenschutz, der Sonnenblocker***

Vergiss nicht, den Sonnenblocker aufzutragen! Die Sonne sticht um diese Tageszeit.

Não se esqueça de passar o protetor solar! O sol queima a esta hora do dia.

TRILHA (CAMINHADA): ***die Wanderung***

Machst du am Wochenende bei der Wanderung mit?

Você vai participar da caminhada no final de semana?

CAPÍTULO 6
KAPITEL 6

Fazendo compras

Dialog 10: Im Schuhgeschäft

Verkäufer: *Kann ich Ihnen helfen?*
Tourist: *Ich suche Turnschuhe. Haben Sie etwas im Angebot?*
Verkäufer: *Wir haben welche mit einem Preisnachlass von 20%. Ich zeige sie Ihnen, kommen Sie mir bitte nach.*
Tourist: *Haben Sie die in schwarz?*
Verkäufer: *Ich glaube schon, ich schaue mal nach. Welche Größe haben Sie?*
Tourist: *Ich habe Größe 41 oder 42. Es hängt von der Form ab.*
Verkäufer: *Hier ist noch ein Paar Größe 42. Möchten Sie es probieren?*
Tourist: *Ja, vielen Dank!*

Veja a tradução desse diálogo na p. 160
Veja *Dica 16: Tamanhos de roupas no Brasil e na Alemanha*, p. 125

Comprando roupas e calçados: perguntas do balconista

Kleidung und Schuhe kaufen: Fragen des Verkäufers

Posso ajudá-lo?
Kann ich Ihnen helfen?

Em que posso ajudar?
Was kann ich für Sie tun?

O(A) sr.(a) já foi atendido(a)?
Werden Sie schon bedient?/Bekommen Sie schon?

Que tamanho o(a) sr.(a) usa?
Welche Größe haben Sie?

O(A) sr.(a) gostaria de experimentar?
Möchten Sie es anprobieren?

Não temos mais.
Das haben wir nicht mehr.

Está esgotado infelizmente.
Es ist leider ausverkauft.

Não trabalhamos com esse artigo.
Wir führen diesen Artikel nicht.

Tudo com 20% de desconto.
Alles mit 20 % Nachlass.

Os sapatos femininos estão em promoção.
Die Damenschuhe sind im Sonderangebot.

Só um momento, vou pegar para o(a) sr.(a).
Einen Augenblick, ich hole es Ihnen.

Os provadores ficam ali.
Die Umkleidekabinen sind dort.

A camisa serviu?
Passt Ihnen das Hemd?/Hat das Hemd gepasst?

Precisa de mais alguma coisa?
Brauchen Sie noch etwas?

Quer que embrulhe para presente?
Brauchen Sie eine Geschenkverpackung?

Dinheiro ou cartão?
Bezahlen Sie in bar oder mit Karte?

Comprando roupas e calçados: perguntas do cliente

Kleidung und Schuhe kaufen: Fragen des Kunden

Estou procurando roupas esportivas/um terno/uma gravata.
Ich suche Sportkleidung/einen Anzug/eine Krawatte.

O(A) sr.(a) pode me mostrar as camisas/calças?
Können Sie mir bitte Hemden/Hosen zeigen?

Estou procurando sapatos/tênis/sandálias/chinelos.
Ich suche Schuhe/Turnschuhe/Sandalen/Flip-Flops.

O(A) sr.(a) pode me mostrar o vestido da vitrine?
Können Sie mir bitte das Kleid im Schaufenster zeigen?

O(A) sr.(a) tem calças/camisas em liquidação?
Haben Sie Hosen/Hemden im Ausverkauf?

O que mais está em liquidação?
Was ist noch im Ausverkauf?

Qual é o preço normal destes tênis?
Welcher ist der übliche Preis dieser Sportschuhe/Tennisschuhe/Turnschuhe?

Posso experimentar?
Darf ich (an)probieren?

Poderia experimentar um (meio) tamanho maior/menor?
Könnte ich eine (halbe) Nummer größer/kleiner probieren?

O(A) sr.(a) teria um tamanho menor/maior?
Hätten Sie eine größere/kleinere Nummer?

O(A) sr.(a) teria essa peça em azul/verde/amarelo/marrom/vermelho?
Hätten Sie es in blau/grün/gelb/braun/rot?

O(A) sr.(a) teria aquele vestido em branco/cinza?
Hätten Sie das Kleid in weiß/grau?

O(A) sr.(a) teria este suéter no meu tamanho?
Hätten Sie den Sweater/den Pulli in meiner Größe?

Onde ficam os provadores?
Wo sind die Umkleidekabinen?

Tem espelho?
Gibt es einen Spiegel?/Haben Sie einen Spiegel?

Quanto é esta camisa/saia/calça?
Was kostet das Hemd/der Rock/die Hose?
O(A) sr.(a) pode embrulhar para presente?
Können Sie mir bitte eine Geschenkverpackung machen?
O(A) sr.(a) tem camisas de manga curta?
Haben Sie Hemden mit kurzen Ärmeln?
Não, obrigado, é só isso.
Nein danke, das ist alles.
A que horas os srs. fecham?
Um wie viel Uhr schließen Sie?
Os srs. abrem no sábado?
Haben Sie am Samstag offen?
Tem desconto para pagamento à vista?
Gibt es einen Preisnachlass/Rabatt, wenn man bar bezahlt?
O(A) sr.(a) pode me dar um recibo, por favor?
Können Sie mir bitte eine Quittung geben?
Veja *Dica 16: Tamanhos de roupas no Brasil e na Alemanha*, p. 125

Comprando roupas e calçados: comentários do cliente

Kleidung und Schuhe kaufen: Kommentare des Kunden

Só estou dando uma olhada, obrigado.
Ich möchte mich nur ein bisschen umsehen/umschauen (südd t., A), danke!
Está pequeno(a)/grande demais.
Es ist zu klein/groß.
Não serve.
Es passt mir nicht.
Estes sapatos estão apertados demais.
Diese Schuhe sind zu eng.
Esta camisa está larga/folgada/apertada/justa demais.
Das Hemd ist zu weit/locker/eng/knapp.
Eu normalmente uso número/tamanho...
Normalerweise habe ich die Größe...

Não sei o meu tamanho.
Ich weiß meine Größe nicht.

DICA 16: TAMANHOS DE ROUPAS NO BRASIL E NA ALEMANHA
TIPP 16: KLEIDUNGSGRÖßEN IN BRASILIEN UND DEUTSCHLAND

Tamanhos variam bastante num mesmo país, o que dizer de um país para outro. Por isso, as tabelas abaixo pretendem dar só uma pista, pois é necessário experimentar. Roupas para crianças são numeradas de 0 a 36 meses para os bebês e depois pela idade da criança e altura em centímetros, o que ajuda bastante quando se tem este dado. Para sapatos é preciso contar dois números a mais em geral.

Vestidos e casacos

BR			37	38	40	
	X-Small	**X-Small/Small**	**Small**	**Medium**	**Medium**	
D	30	32	34	36	38	
BR	42	44	46	48	50	
	Large	**Large/X-Large**	**X-Large**		**1X/2X**	**2X**
D	40	42	44		46	48

Camisas masculinas

BR	36	37	38	39	40/41	42	43	44
D	36/37		38	39	40/41	42	43	

Ternos e sobretudos

BR	46	48	50	52	54	56
D	36	38	40	42	44	

Fazendo compras no supermercado
Im Supermarkt einkaufen

Onde estão os carrinhos, por favor?
Wo stehen die Einkaufswagen bitte?

Onde tem cesta de compras, por favor?
Wo ist ein Einkaufskorb/Warenkorb bitte?

O(A) sr.(a) sabe onde fica a seção de frutas, por favor?
Wissen Sie, wo die Obstabteilung ist?

Os srs. vendem cartões-postais/souvenirs aqui?
Verkaufen Sie Postkarten/Souvenirs hier?

Onde posso encontrar pilhas/lenços de papel, por favor?
Wo kann ich bitte Batterien/Papiertaschentücher bekommen?

Fica no terceiro corredor à direita/esquerda.
Es liegt im dritten Flur rechts/links.

Onde fica a seção de padaria/laticínios e queijos/embutidos?
Wo liegt die Bäckerei/Milchprodukte- und Käseabteilung/ Wurstabteilung?

O que/quanto o(a) sr.(a) gostaria?
Was /wie viel möchten Sie?

100 gramas de presunto defumado, por favor.
100 Gramm Rohschinken bitte.

Um pedaço assim, por favor. (mostrando com a mão)
So ein Stück bitte.

Assim (já) está bom. (indicando quantidade)
Das ist (schon) gut so.

E mais um pouco disso, por favor.
Und noch etwas davon bitte.

E mais um/dois pedaço(s)/uma /duas fatia(s) disso, por favor.
Und noch ein/zwei Stück(e)/eine/zwei Scheibe(n) davon, bitte.

É só isso, obrigado.
Das ist alles, danke.

Seria só por hoje, obrigado.
Das wär's für heute, danke.

Onde ficam as cervejas/as bebidas?
Wo steht das Bier?/Wo sind die Getränke?

Tenho de pagar depósito por esta garrafa/latinha/caixa de cerveja?
Gibt es Pfand für diese Flasche/Dose/den Bierkasten?

Onde posso devolver este vasilhame?
Wo kann ich die Flasche/Dose/den Bierkasten zurückgeben?

Onde posso encontrar um adaptador de tomada?
Wo kann ich einen Reise-Stecker-Adapter finden?

Está sem indicação de preço, como posso consultar o preço?
Hier ist keine Preisangabe, wie kann man den Preis erfahren?

Quanto deu isso?
Wie viel macht das?

Veja *Dica 19: Números*, p. 132

DICA 17: VASILHAMES RETORNÁVEIS E O PFAND
TIPP 17: LEERGUT UND DAS PFAND

Tanto na Alemanha, como na Áustria ou na Suíça a coleta seletiva do lixo obedece a critérios bem definidos desde os anos 1990. Cada país tem cores e contêineres para lixo orgânico, papel e papelão, vidro, embalagens plásticas e para o lixo restante, sendo que pilhas, baterias, óleo automotivo, pneus ou mesmo rolhas são recolhidos separadamente. Um aspecto importante são os vasilhames de cerveja, refrigerantes, sucos e água, que são retornáveis em máquinas nos supermercados. Nelas se recupera o depósito pago na compra pelo vasilhame, que varia de € 0,15 a € 0,25 por garrafa PET ou latinha. As palavras usadas são *Pfandflasche* (garrafa com depósito) ou *Mehrwegflasche* (garrafa reaproveitada várias vezes) em oposição a *Einwegflasche* (garrafa de uso único), mais fina e pouco resistente. Sobre caixas de cerveja também incide *Pfand* (depósito). Consulte sua garrafa e o cupom do caixa.

Fazendo compras: Vocabulário & expressões em uso
Einkaufen: Wortschatz & gebräuchliche Ausdrücke

CARTÃO DE CRÉDITO: ***die Kreditkarte***

Akzeptieren Sie Kreditkarten?
Os srs. aceitam cartão de crédito?

CÓDIGO DE BARRAS: ***der Strichcode, der Balkencode, der Barcode***

Die Kassiererin fuhr mit dem Lesegerät über den Strichcode, um den Preis abzufragen.
A atendente do caixa passou o scanner no código de barras para consultar o preço.

CAIXA ELETRÔNICO DE BANCO: ***der Geldautomat, der automatische Bankschalter***

Ich brauche etwas Bargeld. Wissen Sie, ob in der Nähe ein Geldautomat ist?
Preciso de um pouco de dinheiro. O(A) sr.(a) sabe se tem um caixa eletrônico por perto?

CORREDOR (EM SUPERMERCADOS, DROGARIA): ***der Gang***

Sie finden Zahnseide und Zahnpasta im zweiten Gang links.

O(A) sr.(a) encontra fio dental e pasta de dente no segundo corredor à esquerda.

DESCONTO: ***der Preisnachlass (gewähren), der Rabatt (geben)***

Bei Barbezahlung können wir Ihnen einen Rabatt von 5% geben.

No pagamento em dinheiro podemos lhe dar um desconto de 5%.

EXPERIMENTAR, PROVAR (ROUPAS E CALÇADOS): ***(an) probieren***

"Möchten Sie es nicht anprobieren?", fragte die Verkäuferin.

"O(A) sr.(a) não gostaria de experimentar?", perguntou a vendedora.

HORÁRIO(S) DE FUNCIONAMENTO: ***die Öffnungszeit(en), die Geschäftszeit(en)***

Welche sind die Öffnungszeiten des Geschäfts?

Quais são os horários de funcionamento da loja?

LIQUIDAÇÃO: ***der Ausverkauf, der Schlussverkauf (der Sommerschlussverkauf - SSV, der Winterschlussverkauf - WSV)***

Der große Sommerschlussverkauf fängt nächste Woche an.

A grande liquidação de verão começa na semana que vem.

PRATELEIRA: ***das Regal***

"Ich glaube, ich habe den Sonnenblocker auf den Regalen da drüben gesehen", sagte Bruno.

"Acho que vi protetor solar naquelas prateleiras ali", disse Bruno.

PROMOÇÃO: ***das Sonderangebot***

Alle Winterartikel sind im Sonderangebot. Ich brauche gerade einen Mantel und Stiefel.

Todos os artigos de inverno estão em promoção. Eu estou justamente precisando de um sobretudo e de botas.

PROVAR, EXPERIMENTAR (ROUPAS, CALÇADOS): ***(an)probieren (Kleidung, Schuhe)***

PROVADOR (EM LOJAS): ***die (Umkleide)Kabine***

"Darf ich dieses T-Shirt probieren?", fragte Niklas den Verkäufer.

"Posso experimentar esta camiseta?", Niklas perguntou ao vendedor.

"Selbstverständlich. Dort ist eine Kabine.", sagte der Angestellte.

"Claro. Tem um provador ali.", disse o funcionário.

20% DE DESCONTO: ***20% Rabatt***

Alles im Geschäft hat wenigsten 20% Rabatt.

Tudo na loja está com um desconto de pelo menos 20%.

REEMBOLSO: ***die Rückerstattung***

"Möchten Sie die Ware umtauschen oder eine Rückerstattung bekommen ?", fragte der Angestellte Frau Rodenbrock.

"A sra. gostaria de trocar a mercadoria ou receber um reembolso?", perguntou o balconista à sra. Rodenbrock.

Veja *Dica 20: Horários do comércio*, p. 137

Reclamando de uma compra
Sich über einen Kauf beschweren

Posso falar com o gerente, por favor?
Darf ich bitte den Leiter sprechen?

Acho que há algo errado com...
Ich glaube da stimmt etwas nicht mit...

Queria fazer uma reclamação sobre...
Ich möchte eine Beschwerde gegen... vorbringen.

Queria reclamar a respeito do atendimento.
Ich möchte mich über den Service beschweren.

Poderia trocar isso aqui, por favor?
Könnten Sie das bitte umtauschen?

Aqui está o recibo/o comprovante/o cupom do caixa.
Hier ist die Quittung/der Beleg/der Kassenzettel.

Quero o reembolso (em dinheiro).
Ich möchte eine (Geld-)Rückerstattung.

O laptop/a máquina fotográfica que comprei aqui ontem não está funcionando.
Der Laptop/die Kamera, den/die ich gestern hier gekauft habe, funktioniert nicht.

O tênis que comprei está largo/estreito demais.
Die Turnschuhe/Sportschuhe, die ich gekauft habe, sind zu weit/schmal.

Queria devolver este aparelho de DVD que comprei aqui há alguns dias.
Ich möchte dieses DVD-Abspielgerät, das ich vor ein paar Tagen hier gekauft habe, zurückgeben.

O vendedor que nos atendeu foi muito grosseiro.
Der Verkäufer, der uns bediente, war sehr unfreundlich.

Ele foi muito mal-educado.
Er war sehr unhöflich.

Veja *Dica 16: Tamanhos de roupas no Brasil e na Alemanha*, p. 125

GLOSSÁRIO TEMÁTICO 4: ROUPAS & CALÇADOS
THEMATISCHES GLOSSAR 4: KLEIDUNG & SCHUHE

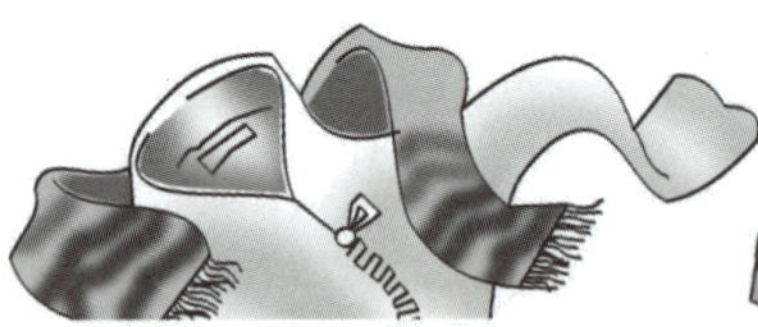

Agasalho esportivo: *der Freizeitanzug, der Jogginganzug, der Trainer (CH)*
Blazer: *der Blazer, die Sportjacke*
Bolsa (de mão): *die Tasche (Hand-)*
Boné: *die Mütze*
Botas: *die Stiefel (pl)*
Brinco: *der Ohrring*
Cabide: *der Kleiderbügel*
Cachecol: *das Halstuch, der Schal*
Calção de banho: *die Badehose, der Badeshorts*
Calças: *die (lange) Hose*
Calcinha: *die Unterhose, der Schlüpfer*
Camisa: *das Hemd*
Camisa feminina: *die Bluse*
Camisa polo: *das Polohemd*
Camiseta: *das T-Shirt*
Camiseta regata: *der Pullunder*
Camisola: *das Nachthemd*
Capa de chuva: *der Regenmantel*
Casaco: *die Jacke*
Chapéu: *der Hut*
Chinelos: *die Badelatschen, der Flip-Flop, die Havaianas*
Chuteira: *der Fußballschuh*
Cinto: *der Gürtel*
Colar: *die Kette*

Colete: *die Weste (aberto), das Pullunder (fechado)*
Couro: *das Leder*
Cueca: *die Unterhose*
Cueca samba-canção: *der Boxer Shorts*
Echarpe: *das Halstuch*
Ferro de passar roupa: *das Bügeleisen*
Fralda: *die Windel*
Gravata: *die Krawatte*
Graxa (para sapatos): *die Schuhcreme*
Guarda-chuva: *der Regenschirm*
Jaqueta de couro: *die Lederjacke*
Jeans: *die Jeans(hose)*
Lã: *die Wolle*
Liquidação: *der Ausverkauf, der Schlussverkauf*
Loja de departamentos: *das Kaufhaus*
Luvas: *die Handschuhe*
Maiô: *der Badeanzug (fem), die Badehose (masc)*
Maleta de mão: *die Aktentasche*
Meias: *die Strümpfe, die Socken*
Minissaia: *der Minirock*
Moletom: *das Sweatshirt, die Trainingskleidung*
Pérola: *die Perle*
Pijama: *der Schlafanzug*
Provador: *die Kabine (Umkleide-)*
Pulseira: *das Armband*
Relógio (de pulso): *die Uhr (Armband-)*
Roupão: *der Bademantel*
Roupas: *die Kleidung, die Kleider (pl)*
Saia: *der Rock*
Sandálias: *die Sandalen*
Sapatos: *die Schuhe*
Seda: *die Seide*
Shopping: *das Einkaufszentrum*
Smoking: *der Smoking*
Sobretudo: *der Mantel, der Wintermantel, der Sommermantel*
Suéter: *der Pullover, der Pulli, der Sweater*
Sutiã: *der Büstenhalter, der BH*
Tecido: *der Stoff*
Tênis: *die Turnschuhe, die Sportschuhe, die Tennisschuhe*
Terninho: *das Kostüm (Damen-)*
Terno: *der Anzug*
Vestido: *das Kleid*

Veja *Dica 16: Tamanhos de roupas no Brasil e na Alemanha*, p. 125

Câmbio: trocando dinheiro
Geldwechsel: Devisen umtauschen

Onde pode-se trocar dinheiro aqui perto?
Wo kann man in der Nähe Geld wechseln?

Tem uma casa de câmbio na região?
Ist eine Wechselstube in der Umgebung?

Qual é a taxa de câmbio do dólar para o euro/franco suíço?
Welcher ist der Wechselkurs zwischen Dollar und Euro/Schweizer Franken?

Posso trocar meus cheques de viagem com os srs.?
Darf ich meine Reiseschecks bei Ihnen einlösen?

Quanto é a comissão?
Wie hoch ist die Provision?

Eu queria trocar quinhentos francos suíços por euros.
Ich möchte fünfhundert Schweizer Franken in Euro wechseln/tauschen.

Eu queria trocar uma nota de 100 por 2 de 50, é possível?
Ich möchte einen Hundertschein gegen zwei Fünfziger tauschen, geht das?

O (A) sr.(a) pode trocar 50. É que estou sem trocado.
Können Sie Fünfzig wechseln? Ich habe nämlich kein Kleingeld.

DICA 18: MOEDAS: EURO E FRANCO SUÍÇO
TIPP 18: WÄHRUNGEN: EURO UND SCHWEIZER FRANKEN

Desde 2002 o euro (€ ou EUR) é a moeda oficial de 16 dos 27 países da União Europeia, da qual fazem parte Alemanha e Áustria. Há moedas nos valores de 1, 2, 5, 10, 20 e 50 centavos *(cent)* e € 1 e € 2. Existem cédulas de 5, 10, 20, 50, 100, 200 e 500 euros. A moeda na Suíça é o franco suíço, abreviado SFr. ou CHF, e se subdivide em 100 centavos. Na parte alemã, a moeda chama-se *Schweizer Franken*, e o centavo, *Rappen*. Há sete moedas nos valores 5, 10, 20 centavos, 1/2, 1, 2 e 5 francos suíços. As cédulas têm os valores de 10, 20, 50, 100, 200 e 1000 francos suíços. Periodicamente, a Suíça muda totalmente o design das cédulas, por uma questão de segurança. A paridade entre o euro e o franco suíço gira em torno de € 1 para SFr. 1,50.

DICA 19: NÚMEROS
TIPP 19: ZAHLEN

A partir do número 13 (*dreizehn*) fala-se primeiro a unidade e em seguida a dezena. A partir do 21 acrescenta-se *und* entre a unidade e a dezena: *einundzwanzig, vierundvierzig*. Os números são escritos uns seguidos dos outros sem espaço entre eles. Confira abaixo: 0 *null*, 1 *eins*, 2 *zwei*, 3 *drei*, 4 *vier*, 5 *fünf*, 6 *sechs*, 7 *sieben*, 8 *acht*, 9 *neun*, 10 *zehn*, 11 *elf*, 12 *zwölf*, 13 *dreizehn*, 14 *vierzehn*, 15 *fünfzehn*, 16 *sechzehn*, 17 *siebzehn*, 18 *achtzehn*, 19 *neunzehn*, 20 *zwanzig*, 21 *einundzwanzig*, 30 *dreißig*, 40 *vierzig*, 50 *fünfzig*, 60 *sechzig*, 70 *siebzig*, 80 *achtzig*, 90 *neunzig*, 100 *(ein)hundert*, 101 *(ein)hunderteins*, 129 *(ein)hundertneunundzwanzig*, 198 *(ein)hundertachtundneunzig*, 350 *dreihundertfünfzig*, 1 000 *(ein)tausend*, 1 993 *tausendneunhundertdreiundneunzig*, 7 000 *siebentausend*, - 400 000 *vierhunderttausend*, 1 000 000 *eine Million*, 1 000 000 000 *eine Milliarde* (um bilhão), 1 000 000 000 000 *eine Billion* (um trilhão).

CÉDULAS QUE CIRCULAM NA UNIÃO EUROPEIA

Banknoten der Europäischen Union

EINE FÜNF-EURO-NOTE (CÉDULA DE CINCO EUROS)

EINE ZEHN-EURO-NOTE (CÉDULA DE DEZ EUROS)

EINE ZWANZIG-EURO-NOTE (CÉDULA DE VINTE EUROS)

eine Fünfzig-Euro-Note (CÉDULA DE CINQUENTA EUROS)

eine Hundert-Euro-Note (CÉDULA DE CEM EUROS)

eine Zweihundert-Euro-Note (CÉDULA DE DUZENTOS EUROS)

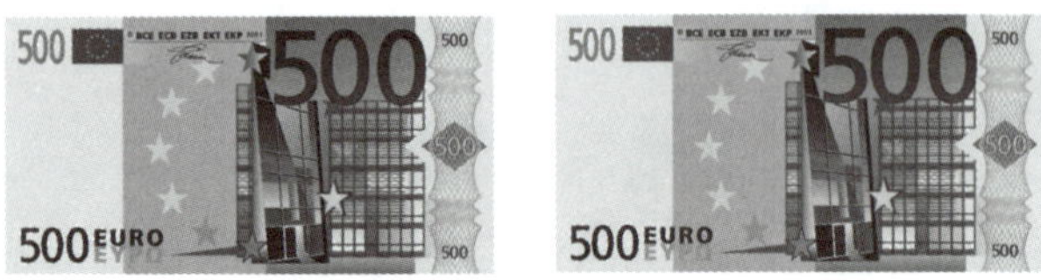

eine Fünfhundert-Euro-Note
(CÉDULA DE QUINHENTOS EUROS)

MOEDAS DE EURO *Euro-Münzen*

eine Ein-Cent-Münze (1 CENTAVO DE EURO)

EINE ZWEI-CENT-MÜNZE (2 CENTAVOS DE EURO)

EINE FÜNF-CENT-MÜNZE (5 CENTAVOS DE EURO)

EINE ZEHN-CENT-MÜNZE (10 CENTAVOS DE EURO)

EINE ZWANZIG-CENT-MÜNZE (20 CENTAVOS DE EURO)

EINE FÜNFZIG-CENT-MÜNZE (50 CENTAVOS DE EURO)

EINE EIN-EURO-MÜNZE (1 EURO)

EINE ZWEI-EURO-MÜNZE (2 EUROS)

Obs.: as moedas de 1 euro variam de acordo com o país.

ÁUSTRIA

BÉLGICA

FINLÂNDIA

FRANÇA

ALEMANHA

GRÉCIA

IRLANDA

ITÁLIA

LUXEMBURGO

HOLANDA

PORTUGAL

ESPANHA

DICA 20: HORÁRIOS DO COMÉRCIO
TIPP 20: LADENÖFFNUNGSZEITEN

Na Alemanha, o comércio abre de segunda a sábado entre 6h (padarias) e 10h e fecha entre 18h e 20h de forma geral. Na Áustria, o horário varia entre 6h (padarias) e 9h30 para abertura e 20h ou 21h para o fechamento de segunda a sexta, aos sábados até 18h. Na Suíça o comércio geralmente fecha durante a semana às 18h30 e aos sábados entre 16h e 17h. Em cidades maiores as lojas permanecem abertas até 20h ou 21h às quintas, porém tem se tornado comum o horário estender-se até 20h de segunda a sexta. Aos domingos e feriados é possível encontrar comércio aberto apenas em aeroportos, estações de trem e postos de gasolina.
Redes de supermercado na *Alemanha*: *Aldi Nord, Aldi Süd, Edeka, Hit, Kaiser's /Tengelmann, Kodi, Lidl, MiniMal, Norma, Netto Marken Discount, Penny Markt, Plus, Real, Rewe, Schlecker, Spar (Convenience, Express), Wall Mart*; na *Áustria*: *Billa, Bipa, Eurospar, Hofer (Aldi), Interspar, Lidl, MaxiMarkt, Merkur, Norma, Penny, Schlecker, Spar (Gourmet), Zielpunkt*; na *Suíça*: *Coop, Denner, Globus, Migros*.

Lojas e serviços: frases usuais
Geschäfte und Dienstleistungen: gängige Formulierungen

Posso ajudá-lo?
Kann ich Ihnen helfen?/Was kann ich für Sie tun?

Posso ser útil?
Kann ich Ihnen behilflich sein?

Os srs. teriam pilhas/fio dental?
Hätten Sie Batterien/Zahnseide?

Estou procurando...
Ich suche...

Só estou olhando, obrigado.
Ich möchte mich nur ein bisschen umsehen/umschauen (süddt., A), danke.

O(A) sr.(a) sabe se tem um caixa eletrônico aqui?
Wissen Sie, ob es hier einen Geldautomat gibt?

Tem uma banca de jornal/livraria por aqui?
Gibt es hier irgendwo einen Zeitungskiosk/eine Buchhandlung?

A que horas abre o banco/o supermercado/a loja?
Um wie viel Uhr öffnet die Bank/der Supermarkt/das Geschäft?

A que horas o correio/a loja fecha?
Um wie viel Uhr schließt die Post/der Laden?

Os srs. fecham para o almoço?
Machen Sie zur Mittagszeit zu?

Está aberto à noite/aos sábados?
Haben Sie abends/samstags offen?

Veja *Glossário temático 5: Lojas & serviços*, p. 139

No correio: frases usuais
Am Postamt: gängige Formulierungen

Tem uma agência do correio aqui perto?
Ist ein Postamt hier in der Nähe?

Onde fica a caixa de correio mais próxima?
Wo ist der nächste Briefkasten?

Onde posso comprar selos e envelopes?
Wo kann man Briefmarken und Briefumschläge kaufen?

De quantos selos eu preciso para esta carta?
Wie viele Briefmarken brauche ich für diesen Brief?

Os srs. têm cartões-postais?
Haben Sie Postkarten?

A que horas o correio abre/fecha?
Um wie viel Uhr öffnet/schließt das Postamt?

Gostaria de enviar este pacote para o Brasil/a Suíça.
Ich möchte dieses Päckchen nach Brasilien/in die Schweiz schicken.

Quanto tempo vai levar para chegar ao Brasil?
Wie lange braucht es bis nach Brasilien?

Os srs. vendem kits de embalagem/caixas de papelão dobrável?
Verkaufen Sie Packsets/Faltkartons?

Quanto custa uma remessa rápida?
Was kostet ein schneller Versand?

Eu gostaria de enviar esse pacote com seguro.
Ich möchte diese Paketsendung versichern lassen.

O conteúdo é frágil.
Der Inhalt ist zerbrechlich.

Quanto é?
Wie viel kostet es?/Wie teuer ist es?
Qual é a forma de envio mais barata?
Welche ist die billigste Versandweise?
Qual é a forma de envio mais rápida?
Welcher ist der schnellste Versand?
Não sei o CEP.
Ich kenne die Postleitzahl (PLZ) nicht.

GLOSSÁRIO TEMÁTICO 5: LOJAS & SERVIÇOS
THEMATISCHES GLOSSAR 5: GESCHÄFTE & DIENSTLEISTUNGEN

Açougue: *die Fleischerei, die Metzgerei*
Agência de viagens: *das Reisebüro*
Antiquário: *der Antiquitätenladen*
Banca de jornal: *der Zeitungskiosk, der Zeitungsstand*
Barbearia: *der Frisör, der Herrenfriseur*
Barzinho: *die Kneipe*
Biblioteca: *die Bibliothek, die Bücherei*
Cabeleireiro: *der Friseur, der Coiffeur, die Frisörin*
Café: *das Café, das Eis-Café*
Caixa eletrônico de banco: *der Geldautomat*
Cervejaria: *das Bierlokal*
Cervejaria (barzinho): *die Bierkneipe, die Bierstube*
Cervejaria ao ar livre: *der Biergarten*
Cervejaria grande: *die Bierhalle*
Chaveiro: *der Schlosser*
Confeitaria: *die Konditorei*
Correios: *das Postamt*
Cyber café (com acesso à internet): *das Internetcafé*
Delegacia de polícia: *die Polizeidienststelle, das Polizeikommissariat (A)*
Dentista: *der Zahnarzt*
Drogaria: *die Drogerie*
Empório fino: *der Feinkostladen, das Delikatessengeschäft*
Farmácia: *die Apotheke*
Feira: *der Markt*
Floricultura: *das Blumengeschäft, der Florist*
Fotógrafo(a): *der Fotograf(in)*
Hospital: *das Krankenhaus*
Joalheria: *der Juwelierladen*
Lanchonete: *der Schnellimbiss, die Snackbar*
Lava rápido (carro): *die Autowäsche*
Lavanderia (autosserviço): *der Waschsalon, die Schnellwäscherei*
Livraria: *die Buchhandlung, der Buchladen*
Livraria de livros usados, antigos (sebo): *das Antiquariat*
Loja de artigos esportivos: *das Sportgeschäft*
Loja de brinquedos: *das Spielwarengeschäft, der Spielzeugladen*
Loja de departamentos: *das Kaufhaus, das Warenhaus*
Loja de eletrônicos: *der Elektronikladen*
Lojinha de presentes (hotel):

der Geschenkartikelladen, der Souvenirladen
Manicure: *die Maniküre, die Nagelpflege*
Mercadinho: *das Lebensmittelgeschäft, der Tante Emma-Laden, der Greißler (A)*
Mercado: *der Markt*
Mercearia de produtos orgânicos e dietéticos: *der Bioladen, der Naturkostladen, das Reformhaus*
Oficina: *die Werkstatt*
Ótica: *der Optiker*
Padaria: *die Bäckerei*
Papelaria: *der Schreibwarenladen, das Papierwarengeschäft, die Papeterie (CH)*
Pedicure: *die Fußpflege, die Pediküre*
Peixaria: *das Fischgeschäft*
Rádio: *der Rundfunk*
Salão de beleza: *der Schönheitssalon*
Serviço de despertador: *der Weckdienst*
Serviço de quarto: *der/das Zimmerservice*
Shopping center: *das Einkaufszentrum, die Einkaufsgalerie*
Supermercado: *der Supermarkt*
Tabacaria: *der Tabakladen*
Televisão: *das Fernsehen*

Fazendo compras na drogaria
In der Drogerie[1] einkaufen

Com licença, onde encontra-se o fio dental?
Entschuldigung, wo befindet sich die Zahnseide?

Está pendurado do lado das escovas de dentes no último corredor.
Sie hängt neben den Zahnbürsten im letzten Gang.

O(A) sr.(a) sabe onde posso encontrar protetor solar?
Wissen Sie, wo ich Sonnenblocker finden kann?

Preciso de um cortador de unhas, o(a) sr.(a) sabe onde posso encontrar?
Ich brauche einen Nagelknipser, wissen Sie, wo ich das finden kann?

O(A) sr.(a) encontra isso do lado do caixa.
Das finden Sie neben der Kasse.

Preciso de creme de barbear. O(A) sr.(a) pode me dizer, por favor, onde encontro isso?
Ich brauche Rasierschaum. Können Sie mir bitte sagen, wo ich das finde?

1. Numa *Drogerie* encontram-se produtos cosméticos, de higiene pessoal, produtos de limpeza e alguns medicamentos isentos de receita. Para remédios com receita ou conselhos do farmacêutico vá até a *Apotheke* (farmácia).

O(A) sr.(a) teria um xampu e condicionador de cabelos juntos?
Hätten Sie ein Shampoo zusammen mit der Pflegespülung?

O(A) sr. (a) tem óculos de leitura prontos?
Haben Sie fertige Lesebrillen?

GLOSSÁRIO TEMÁTICO 6: ARTIGOS DE DROGARIA & FARMÁCIA
THEMATISCHES GLOSSAR 6: DROGERIE & APOTHEKE ARTIKEL

Absorvente higiênico: *die Damenbinde, die Monatsbinde, der Tampon (rolinho de algodão absorvente interno)*
Acetona: *der Nagellackentferner*
Água oxigenada: *das Wasserstoffperoxyd*
Algodão: *die Watte*
Analgésico: *das Schmerzmittel, die Schmerztablette*
Anestesia: *die Narkose, die Betäubung, die Anästhesie*
Antibiótico: *das Antibiotikum*
Anticoncepcional: *das Verhütungsmittel*
Anti-inflamatório: *das entzündungshemmende Mittel*
Antisséptico: *das Antiseptikum, das Desinfektionsmittel*
Aparelho de barbear: *der Rasierapparat*
Armação de óculos: *das Brillengestell*
Aspirina: *das Aspirin*
Atadura: *der Verband, die Bandage, die Binde*
Barbeador: *der Rasierer*
Barbeador elétrico: *der Elektrorasierer*
Barbear-se: *rasieren (sich)/rasierte sich/hat sich rasiert*
Batom: *der Lippenstift*
Bolsa de água quente: *die Wärmflasche*
Bronzeador: *die Sonnenmilch, die Sonnenlotion*
Calmante: *das Beruhigungsmittel*
Colírio: *die Augentropfen*
Comprimido: *die Tablette*
Condicionador de cabelos: *die Haarspülung, die Pflegespülung*
Cortador de unha: *der Nagelknipser, die Nagelzange*
Cotonete: *das Wattestäbchen, das Ohrenstäbchen*
Creme de barbear: *der Rasierschaum, die Rasierkrem*
Curativo adesivo: *das Pflaster, das Hansaplast (A)*
Desodorante em bastão: *der Deoroller, der Deodorantstift*
Escova de cabelos: *die Haarbürste*
Escova de dentes: *die Zahnbürste*
Esmalte: *der Nagellack*
Esponja: *der Schwamm*
Espuma de barbear: *der Rasierschaum*
Estojo de primeiros socorros: *der Sanitätskasten, der Erste-Hilfe-Kasten*
Faixa elástica: *der elastische Verband*
Fio dental: *die Zahnseide*
Fralda: *die Windel*
Gaze: *die Gaze, der Verbandsmull, die Mullbinde*
Grampo de cabelo: *die Haarnadel*

Índice de proteção UV: *der Lichtschutzfaktor*

Lâmina de barbear: *die Rasierklinge*

Lenço de papel: *das Papiertaschentuch*

Limpar: *reinigen/reinigte/ hat gereinigt*

Lixa de unha: *die Nagelfeile*

Loção: *die Lotion*

Loção pós-barba: *das Rasierwasser, die Aftershave-Lotion*

Maquiagem: *das Make-up, die Schminke*

Papel higiênico: *das Toilettenpapier, das Klosettpapier*

Paracetamol: *das Paracetamol*

Pasta de dente: *die Zahnpasta, die Zahnkreme*

Pente: *der Kamm*

Picada de inseto: *der Insektenstich*

Picada, ponto (med.), pontada, fisgada: *der Stich*

Pílula (contraceptivo): *die Pille*

Pincel de barba: *der Rasierpinsel*

Pingar: *tropfen/tropfte/hat getropft*

Pomada: *die Salbe*

Preservativo: *das Kondom, das Präservativ, der Präser (informal)*

Presilha de cabelo: *die Haarspange*

Protetor solar: *der Sonnenblocker, der Sonnenschutz*

Receita médica: *die Verschreibung, das Rezept*

Remédio para dor de ouvido: *die Ohrentropfen*

Rímel: *die Mascara, die Wimperntusche*

Sabonete: *die Seife*

Secador de cabelo: *der Haartrockner*

Seringa: *die Spritze*

Supositório: *das Zäpfchen, das Suppositorium*

Talco: *das Talkum, der Talkpuder*

Termômetro: *das Thermometer*

Tesoura: *die Schere*

Tylenol®: *das Parazetamol*

Tintura de iodo: *die Jodtinktur*

Touca de banho: *die Duschhaube*

Tratamento: *die Therapie*

Xampu: *das Shampoo, das Haarwaschmittel*

Xarope (para tosse): *der Sirup (der Hustensirup)*

CAPÍTULO 7
KAPITEL 7

Saúde & emergências

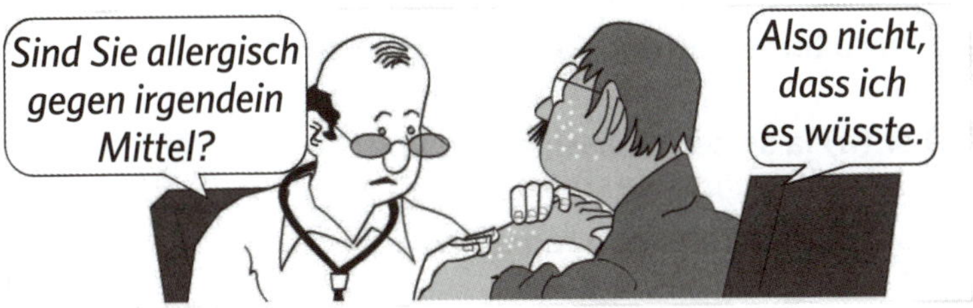

Dialog 11: Ein Termin beim Arzt

Arzt: *Herein bitte!*
Patient: *Guten Tag, Herr Doktor!*
Arzt: *Wo liegt das Problem?*
Patient: *Also, ich habe diese Allergie am Arm seit zwei Tagen.*
Arzt: *Lassen Sie mich mal sehen.*
Patient: *Ja, bitte.*
Arzt: *Hm, sind Sie gegen irgendein Mittel allergisch?*
Patient: *Also nicht, dass ich es wüsste.*
Arzt: *Gut. Ich verschreibe Ihnen dann eine Salbe. Sie sollen sie zweimal am Tag auftragen. In den nächsten Tagen vermeiden Sie sich zu kratzen. Es wird bald wieder gut sein.*
Patient: *Vielen Dank, Herr Doktor!*

Veja a tradução desse diálogo na p. 160

Uma consulta médica
Ein Termin beim Arzt

Onde dói?
Wo tut es weh?

Dói aqui?
Tut es hier weh?

O(A) sr.(a) consegue mexer seu braço/sua perna assim?
Können Sie Ihren Arm/Ihr Bein so bewegen?

Respire fundo.
Atmen Sie tief ein.

Inspire e expire.
Atmen Sie ein und aus.

O(A) sr.(a) tem tido distúrbios de sono?
Hatten Sie Schlafstörungen in letzter Zeit?

Há quanto tempo o(a) sr.(a) se sente assim?
Seit wann fühlen Sie sich so?

O(A) sr.(a) já se sentiu assim antes?
Haben Sie sich schon vorher so gefühlt?

O(A) sr.(a) está tomando remédio?
Nehmen Sie Medikamente?

O(A) sr.(a) é alérgico a alguma coisa?
Sind Sie allergisch gegen etwas?

O(A) sr.(a) fez sexo sem proteção?
Hatten Sie ungeschützten Geschlechtsverkehr?

Quando foi sua última menstruação?
Wann hatten Sie Ihre letzte Periode/Menstruation/Regel?

Vamos tirar um raio X do seu joelho/dos seus pulmões.
Wir machen eine Röntgenaufnahme vom Knie/von den Lungen.

Vamos tirar sua pressão/temperatura.
Ich messe Ihren Blutdruck/Ihre Temperatur.

Parece que o(a) sr.(a) torceu o tornozelo.
Sie haben offenbar Ihr Fußgelenk verrenkt/verdreht.

Vamos ter de engessar seu braço/pé/perna.
Ihr Arm/Fuß/Bein muss eingegipst werden.

O(A) sr.(a) precisa tomar uma injeção.
Sie müssen eine Spritze bekommen.

Preciso suturar o corte.
Ich muss die Wunde zunähen.

Precisamos fazer um exame de sangue.
Wir brauchen eine Blutuntersuchung.

Vou receitar um remédio para o(a) sr.(a).
Ich verschreibe Ihnen ein Medikament.

Tome um comprimido a cada 6h .
Nehmen Sie eine Tablette alle sechs Stunden.

O(A) sr.(a) deve descansar por 2 dias.
Sie sollen sich zwei Tage ausruhen.

O(A) sr.(a) deve se sentir melhor em alguns dias.
In ein paar Tagen geht es Ihnen besser.

Boas melhoras!
Gute Besserung!

Veja *Glossário temático 7: Corpo humano & sintomas*, p. 145

GLOSSÁRIO TEMÁTICO 7: CORPO HUMANO & SINTOMAS
THEMATISCHES GLOSSAR 7: DER MENSCHLICHE KÖRPER & SYMPTOME

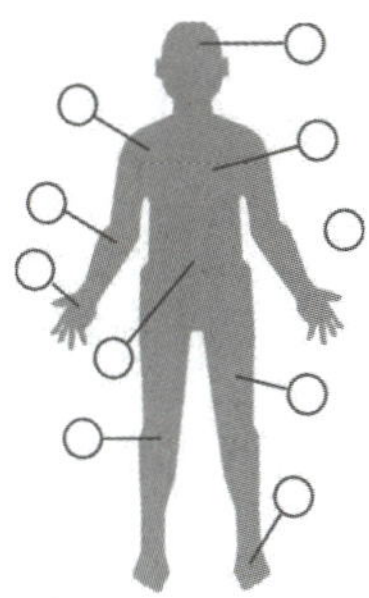

Alergia: *die Allergie, der Hautausschlag, das Exanthem*
Amígdalas: *die Mandeln (pl)*
Amigdalite: *die Mandelentzündung*
Apêndice: *der Blinddarm, der Appendix*
Apendicite: *die Appendizitis, die Blinddarmentzündung*
Artéria: *die Arterie, die Hauptader, die Pulsader, die Schlagader*
Artrite: *die Arthritis, die Gelenkentzündung*
Asma: *das Asthma*
Ataque epiléptico: *der epileptische Anfall*
Atestado médico: *der Krankenschein*
Baço: *die Milz*
Barriga: *der Bauch*
Bexiga: *die Blase*
Boca: *der Mund*
Bochecha: *die Backe, die Wange*
Bolha: *die Hautblase, die Blase,*

das Bläschen

Braço: *der Arm*

Bronquite: *die Bronchitis, die Bronchienentzündung*

Cabeça: *der Kopf*

Cabelo: *das Haar*

Cãibra: *der Krampf, die Verkrampfung*

Calcanhar: *die Ferse*

Cardiologista: *der Herzspezialist, der Kardiologe*

Catapora: *die Windpocken (pl), die Schafblattern (pl) (A)*

Checkup: *die Kontrolluntersuchung, die ärztliche Untersuchung*

Cílios: *die Augenwimpern*

Cintura: *die Taille*

Cirurgião: *der Chirurg*

Cólicas estomacais: *die Magenschmerzen (pl)*

Cólicas menstruais: *die Regelschmerzen (pl), die Menstruationsbeschwerden (pl)*

Coluna vertebral: *die Wirbelsäule, das Rückgrat*

Contágio: *die Ansteckung*

Contusão: *die Kontusion, die Prellung*

Convulsão: *der Krampfanfall, der Anfall*

Coração: *das Herz*

Costas: *der Rücken*

Costela: *die Rippe*

Cotovelo: *der Ellbogen*

Coxa: *der Oberschenkel, der Schenkel*

Dedo anular: *der Ringfinger*

Dedo indicador: *der Zeigefinger*

Dedo médio: *der Mittelfinger*

Dedo mínimo: *der kleine Finger*

Dedo da mão: *der Finger*

Dedo(s) do pé: *der Zeh(en)*

Dentes: *die Zähne, der Zahn*

Derrame: *der Schlaganfall, der Hirninfarkt*

Desmaio: *die Ohnmacht*

Diabete: *der Diabetes, die Zuckerkrankheit*

Diagnóstico: *die Diagnose*

Diarreia: *der Durchfall, die Diarrhö*

Doer: *weh tun/tat weh/hat weh getan, schmerzen/schmerzte/hat geschmerzt*

Doloroso: *schmerzhaft*

Dor: *der Schmerz*

Dose: *die Dosis (medicamento)*

Efeito colateral: *die Nebenfolge, die Nebenwirkung, der Nebeneffekt*

Enjoo: *die Übelkeit, der Brechreiz, das Übelsein*

Entorse: *die Verstauchung*

Entupido: *verstopft*

Enxaqueca: *die Migräne*

Erupção cutânea: *der Hautausschlag, das Exanthem*

Estômago: *der Magen*

Exame de sangue: *die Blutuntersuchung*

Exame médico: *die Untersuchung*

Ferida: *die Wunde*

Ferimento: *die Verletzung*

Fígado: *die Leber*

Fratura: *der Bruch*

Fungo: *der Pilz*

Galo: *die Beule*

Garganta: *der Hals*

Gengiva: *das Zahnfleisch*

Hematoma: *der blaue Fleck, der Bluterguss, das Hämatom*
Hemorroida: *die Hämorrhoiden, die Hämorriden*
Hérnia: *die Hernie, der Bruch*
Inchaço: *die Schwellung*
Indigestão: *die Magenverstimmung, die Verdauungsstörung*
Infarto: *der Herzanfall, der Herzinfarkt, die Herzattacke*
Infecção: *die Infektion, die Infizierung*
Injeção: *die Spritze*
Insônia: *die Schlaflosigkeit, die Schlafstörung, die Insomnie*
Insulina: *das Insulin*
Joelho: *das Knie*
Lábios: *die Lippen*
Laringite: *die Kehlkopfentzündung, die Laryngitis*
Língua: *die Zunge*
Machucado: *die Prellung*
Manchas: *die Flecken*
Mão: *die Hand*
Maxilar: *der Kiefer*
Medicamento: *das Medikament, das (Arznei)Mittel*
Medicamento com receita médica: *das rezeptpflichtige Medikament*
Membro: *das Glied*
Menstruação: *die Regel, die Menstruation, die Tage*
Músculo: *der Muskel*
Nádegas: *das Gesäß (die Gesäßbacken), der Hintern (traseiro)*
Nariz: *die Nase*
Náusea: *der Brechreiz, das Übelsein*
Neurologista: *der Nervenarzt, der Neurolog*
Nuca: *das Genick*
Obstipação: *die Verstopfung, die Obstipation*
Oftalmologista: *der Augenarzt, der Ophtalmologe*
Olhos: *die Augen*
Ombro: *die Schulter*
Orelhas: *die Ohren*
Órgãos: *die Organe (pl)*
Otorrinolaringologista: *der Hals-Nasen-Ohren-Arzt/Spezialist, der HNO-Arzt*
Pálpebra: *das Augenlid*
Pé(s): *der Fuß, die Füße*
Pediatra: *der Kinderarzt, der Pädiater*
Peito: *die Brust*
Pênis: *der Penis, das Glied*
Perna: *das Bein*
Pescoço: *der Hals*
Picada de inseto: *der Insektenstich, der Stich*
Pneumonia: *die Lungenentzündung, die Pneumonie*
Polegar: *der Daumen*
Pomada: *die Salbe*
Pressão sanguínea: *der Blutdruck*
Prisão de ventre: *die Verstopfung, die Obstipation, Schwierigkeiten beim Stuhlgang*
Pronto-socorro: *die Notaufnahme, die Unfallstation*
Pulmões: *die Lungen*
Pulso: *das Handgelenk*
Quadril: *die Hüfte*
Queimadura: *die Verbrennung*
Queixo: *das Kinn*

Receita médica: *das Rezept, die Verschreibung*
Ressaca: *Kater haben (einen), schweren Kopf haben (einen)*
Reumatismo: *das Rheuma, der Rheumatismus (Gelenk-)*
Rins: *die Nieren (pl)*
Rubéola: *die Röteln (pl)*
Sangramento: *die Blutung*
Sangrar: *bluten/blutete/hat geblutet*
Sarampo: *die Masern (pl)*
Seguro-saúde: *die Krankenversicherung*
Seio: *die Brust*
Sinusite: *die Sinusitis*
Sobrancelha: *die Augenbraue*
Sutura: *die (chirurgische) Naht*
Suturar: *zunähen, vernähen*
Terapia: *die Therapie (Psycho-)*
Testa: *die Stirn*
Tirar os pontos: *die Fäden ziehen*
Tontura: *der Schwindel, das Schwindelgefühl*
Tórax: *der Brustkorb*
Tornozelo: *das Fußgelenk, der Fußknöchel*
Tratamento: *die Behandlung, die Therapie*
Tumor: *die Geschwulst*
Úlcera: *das Geschwür*
Unha: *der Nagel*
Vagina: *die Vagina, die Scheide*
Varíola: *die Pocken (pl)*
Veia: *die Vene, die Blutader*

Explicando ao médico como se sente
Dem Arzt erklären, wie man sich fühlt

Estou me sentindo mal.
Mir ist schlecht.

Estou me sentindo tonto.
Ich fühle mich schwindelig.

Estou me sentindo muito fraco.
Ich fühle mich sehr schwach.

Estou suando muito.
Ich schwitze sehr viel.

Acho que vou desmaiar.
Ich glaube, ich falle in Ohnmacht.

Não consigo respirar direito.
Ich kann nicht richtig atmen.

Meu nariz está entupido.
Meine Nase ist verstopft.

Estou espirrando muito.
Ich niese sehr viel.

Estou com coriza.
Meine Nase läuft.

Meu nariz está sangrando.
Meine Nase blutet.

Estou com um resfriado forte.
Ich habe eine starke Erkältung.

Estou com gripe.
Ich habe eine Grippe.

Estou com dor de cabeça.
Ich habe Kopfschmerzen.

Estou com dor de garganta.
Ich habe Halsschmerzen.

Estou tossindo muito.
Ich huste viel.

Estou com dor de ouvido.
Ich habe Ohrenschmerzen.

Estou com 39 graus de febre.
Ich habe 39 Grad Fieber/Temperatur[1].

Estou com dor de dente.
Ich habe Zahnschmerzen.

Estou com dor de estômago.
Ich habe Magenschmerzen.

Estou com azia.
Ich habe Sodbrennen.

Sinto vontade de vomitar.
Ich muss erbrechen/mich übergeben.

Estou obstipado.
Ich bin verstopft.

Estou com diarreia.
Ich habe Durchfall.

Estou com torcicolo.
Ich habe einen steifen Nacken/Hals.

Estou com dor nas costas.
Ich habe Rückenschmerzen.

1. A expressão *Temperatur haben*, sem indicação de grau, significa estar com febre baixa: *Sie haben etwas Temperatur*. (O(A) sr.(a) está com um pouco de febre).

Meu/minha... está doendo.
Mein/meine... tut weh.

Meu/Minha... está inchado(a).
Mein/meine... ist geschwollen.

Meu pulso está dolorido.
Mein Handgelenk ist schmerzhaft.

Estou com o corpo inteiro doendo.
Alles tut mir weh.

Estou com dor na perna/no braço/no peito.
Ich habe Schmerzen im Bein/im Arm/in der Brust.

Não consigo mexer meu/minha...
Ich kann meinen/mein/meine... nicht bewegen.

Notei um caroço aqui.
Ich habe ein Geschwulst/eine Schwellung hier bemerkt.

Queimei minha mão.
Ich habe meine Hand verbrannt.

Minha menstruação está atrasada há 10 dias.
Meine Regel ist schon zehn Tage verspätet.

Estou grávida.
Ich bin schwanger.

Sou diabético(a).
Ich bin Diabetiker.

Sou alérgico a...
Ich bin allergisch gegen...

Este remédio é com receita médica ?
Ist dieses Medikament rezeptpflichtig?

Veja *Glossário temático 7: Corpo humano & sintomas*, p. 145

Uma consulta dentária
Ein Termin beim Zahnarzt

Estou com dor de dente.
Ich habe Zahnschmerzen.

Acho que tenho uma cárie.
Ich glaube, dass ich ein Loch im Zahn/eine Karie habe.

Estou com um dente quebrado.
Ich habe einen gebrochenen Zahn.

Perdi uma obturação.
Ich habe eine Plombe verloren.

Meus dentes estão muito sensíveis.
Meine Zähne sind sehr empfindlich.

As gengivas estão doendo.
Das Zahnfleisch tut weh/ist schmerzhaft.

GLOSSÁRIO TEMÁTICO 8: NO DENTISTA
THEMATISCHES GLOSSAR 8: BEIM ZAHNARZT

Anestesia: *die Narkose, die Betäubung, die Anästhesie*
Antisséptico bucal: *das Mundwasser*
Arrancar um dente: *einen Zahn ziehen lassen*
Bochechar: *den Mund ausspülen*
Broca de dentista: *der Bohrer*
Canal: *der Wurzelkanal*
Cárie: *das Loch (im Zahn), die Kavität, die Karies (só singular)*
Coroa: *die Zahnkrone*
Dentadura: *das künstliche Gebiss, künstliche Zähne*
Dente: *der Zahn*
Dente de leite: *der Milchzahn*
Dente do siso: *der Weisheitszahn*
Escova de dentes: *die Zahnbürste*
Escovar: *bürsten/bürstete/hat gebürstet*
Fio dental: *die Zahnseide*
Gargarejar: *gurgeln/gurgelte/hat gegurgelt*
Gargarejo: *das Gurgelmittel*
Hora marcada no dentista: *der Zahnarzttermin*
Obturação: *die Plombe, die Zahnfüllung*
Obturar um dente: *einen Zahn plombieren lassen*
Passar fio dental: *die Zahnseide benutzen/benutzte/hat benutzt*
Pasta de dente: *die Zahnpasta, die Zahnkreme*
Ponte: *die Brücke, die Zahnbrücke*

Emergências: frases úteis
Notfälle: nützliche Sätze

Socorro!
Hilfe!

Alguém pode me ajudar, por favor?
Kann mir jemand bitte helfen?

Estou precisando de ajuda.
Ich brauche Hilfe bitte.

Por favor, chame uma ambulância!
Rufen Sie bitte den Rettungsdienst/den Unfallwagen!

Aconteceu um acidente.
Ein Unfall ist passiert.

A polícia está por perto?
Ist die Polizei in der Nähe?

Onde fica a delegacia de polícia mais próxima?
Wo ist die nächste Polizeidienststelle bitte?

Queria fazer um boletim de ocorrência.
Ich möchte eine Anzeige erstatten.

Queria registrar um roubo.
Ich möchte einen Diebstahl melden.

Roubaram meu passaporte/minha bagagem.
Mein Reisepass/Gepäck wurde gestohlen.

Nosso carro foi arrombado.
Unser Auto wurde aufgebrochen.

Minha carteira/bolsa/máquina fotográfica/meu cartão de crédito foi (foram) roubado(s).
Meine Brieftasche/Handtasche/Kamera/Kreditkarte wurde(n) gestohlen.

Perdi meus cheques de viagem.
Ich habe meine Reiseschecks verloren.

Gostaria de ligar para o Consulado.
Ich möchte das Konsulat anrufen.

Preciso fazer um telefonema.
Ich muss einen Anruf machen.

Veja *Ruídos na comunicação*, p. 21

Serviço de emergência: protocolo de perguntas
Notfalldienst: Abfrage-Protokoll

Quem está ligando?
Wer meldet sich?

Nome... /Local... /Número de telefone...
Name... /Aufenthaltsort... /Telefonnummer...

Qual é o problema?
Was ist das Problem?

O que aconteceu (exatamente)?
Was ist (genau) passiert?

Fogo/acidente de trânsito/pessoa em perigo/acidente doméstico.
Feuer/Verkehrsunfall/Person in Notlage/Haushaltsunfall.

Onde aconteceu?
Wo ist es passiert?

Local (Cidade) /Rua... /Número...
Ort... /Straße... /Hausnummer...

Onde é exatamente a emergência?
Wo genau ist der Notfallort?

Quantos feridos?
Wie viele Verletzte?

Quantas pessoas estão feridas/envolvidas?
Wie viele Personen sind verletzt/betroffen?

Quem e quantos estão feridos ou precisam de ajuda?
Wer und wie viele sind verletzt oder brauchen Hilfe?

Que tipo de ferimentos são?
Was für Verletzungen liegen vor?

Que parte do corpo?
Welche Körperregion?

Está sangrando muito ou esguichando?
Starke oder spritzende Blutung?

Que idade tem o paciente?
Wie alt ist der Patient?

O paciente é do sexo masculino ou feminino?
Ist der Patient männlich oder weiblich?

O paciente está consciente?
Ist der Patient bei Bewusstsein?

Está respirando?

Ist Atmung vorhanden?

Aguarde! Aguarde até que a central encerre a ligação.

Warten Sie! Warten Sie bis die Leitstelle das Gespräch mit Ihnen beendet.

Veja *Ligações telefônicas: informações e gravações*, p. 70; *Ligações telefônicas: expressões usuais*, p. 71 e *Placas comuns em países de língua alemã*, p. 112

DICA 21: NÚMEROS DE EMERGÊNCIA E PLANTÕES DE FARMÁCIAS

TIPP 21: NOTRUFNUMMERN UND APOTHEKEN-NOTDIENST

O número 112 serve para chamar um médico, uma ambulância ou os bombeiros, e é válido na Europa toda. A ligação é gratuita de qualquer telefone, e às vezes basta apertar um botão vermelho em locais públicos.

O número da polícia é 110 na Alemanha, 133 na Áustria e 117 na Suíça.

Farmácias de plantão: toda farmácia afixa onde fica a farmácia de plantão mais próxima no fim de semana e em feriados. Aperte a campainha da farmácia de plantão se a porta estiver fechada. O horário regular das farmácias é de segunda a sexta das 9h às 18h30 e sábados das 9h às 13 (eventualmente 16h).

Numa rodovia lembre-se de informar o número da rodovia, a cidade para a qual está se dirigindo e o quilômetro em que é preciso atendimento. Tente manter a calma nas situações de emergência.
Veja *Dica 12: Telefonando*, p. 73

Achados e perdidos: *das Fundbüro*
Acidente: *der Unfall*
Ambulância: *der Rettungsdienst, der Unfallwagen*
Assaltante: *der Dieb, der Straßenräuber*
Assaltar: *ausrauben /raubte... aus/hat ausgeraubt*
Assaltar/atacar: *überfallen/überfiel/ hat überfallen*
Batedor de carteiras, trombadinha: *der Taschendieb*
Batida (automóveis): *der Verkehrsunfall*
Boletim de ocorrência (fazer): *eine Anzeige bei der Polizei erstatten*
Colidir, bater: *zusammenstoßen/ stieß... zusammen/ist zusammengestoßen*
Corpo de bombeiros: *die Feuerwehr*
Danificar: *beschädigen/beschädigte/ hat beschädigt*
Dano: *der Schaden*
Delegacia de polícia: *die Polizeidienststelle, die Polizeistation*
Ferido: *der Verletzte, verletzt sein*
Fogo: *das Feuer*
Furto: *der Diebstahl*
Incêndio: *der Brand*
Inundação: *die Überschwemmung, das Hochwasser*
Kit de primeiros socorros: *der Erste-Hilfe-Kasten, der Sanitätskasten*
Ladrão: *der Dieb, der Räuber*
Machucar (-se): *verletzen (sich)/ verletzte sich/hat sich verletzt*
Perder: *verlieren/verlor/hat verloren*
Pertences: *die persönlichen Sachen, das Hab und Gut*
Policial: *der Polizist*
Prejuízo: *der Verlust*
Pronto-socorro: *die Unfallstation*
Rebocar: *abschleppen/schleppte... ab/ hat abgeschleppt*
Resgate: *der Rettungsdienst*
Roubar (com violência): *rauben/ raubte/hat geraubt*
Roubar (sem violência): *stehlen/ stahl/hat gestohlen*
Roubo: *der Diebstahl, der Raubüberfall*
Socorro!: *Hilfe!*

Diálogos Traduzidos

Diálogo 1: Como está o tempo hoje?

Turista: Como está o tempo hoje?

Recepção: Bem, hoje cedo estava um pouco nublado, mas agora o sol está brilhando.

Turista: Os srs. têm uma piscina?

Recepção: Sim, temos uma piscina aquecida no primeiro andar com luz natural e um solário muito bonito.

Turista: Muito obrigado pela dica!

Diálogo 2: O sr. pode soletrar seu sobrenome, por favor?

Recepção: Olá. Qual é o seu sobrenome, por favor?

Turista: Albuquerque.

Recepção: O sr. pode soletrar seu sobrenome, por favor?

Turista: Claro! A - L - B - U - Q - U - E - R - Q - U - E.

Recepção: Albuquerque, certo! Preciso de uma assinatura sua aqui, por favor.

Turista: Pois não!

Recepção: Obrigado. O sr. vai ficar no quarto 503. Aqui está sua chave.

Turista: Muito obrigado.

Recepção: Desejamos uma ótima estadia!

Diálogo 3: No check-in no aeroporto

Voo LH 9479 para Munique, embarque no portão B15 por favor...

Atendente de *check-in*: Bom dia, posso ver seu passaporte e sua passagem, por favor?
Turista: Sim, aqui está.
Atendente de *check-in*: Obrigado! O sr. pode, por favor, colocar sua mala na balança?
Turista: Está bem!
Atendente de *check-in*: Obrigado! Aqui está o seu cartão de embarque. O embarque tem início às 9h no portão A60.
Turista: Muito obrigado!
Atendente de *check-in*: Não há de quê! Nós lhe desejamos um voo agradável.

Diálogo 4: Alugando um carro

Atendente da locadora: Olá! Em que posso ajudá-lo?
Turista: Olá! Gostaríamos de alugar um carro por uma semana.
Atendente da locadora: Claro. Que tipo de carro o sr. tem em mente?
Turista: Bom, precisamos de um carro com porta-malas grande. Temos quatro malas.
Atendente da locadora: Bem, entendo. Vou verificar no nosso sistema o que ainda temos disponível.
Turista: Ótimo, obrigado! A propósito, gostaríamos de ter cobertura completa, por favor.
Atendente da locadora: Naturalmente.

Diálogo 5: Problemas com o ar-condicionado

Recepção: Recepção, Specht, bom dia. Em que posso servir?
Turista: Bom dia. Aqui é Altmann do quarto 305. Acho que há um problema com o ar-condicionado. Parece que não está funcionando direito.
Recepção: Não se preocupe. Vou mandar alguém verificar imediatamente.
Turista: A propósito, o sr. poderia também mandar uma toalha extra?

Recepção: Sem dúvida. Vou pedir para um dos nossos funcionários da governança levar mais algumas toalhas ao seu quarto.
Turista: Muito obrigado!
Recepção: Não há de quê!

Diálogo 6: Pedindo indicação de caminho

Turista: Desculpe. O sr. sabe onde tem uma farmácia aqui perto?
Pedestre: Tem uma a dois quarteirões daqui. Não tem como errar.
Turista: Obrigado! Também preciso sacar algum dinheiro. Tem um banco perto daqui?
Pedestre: Do lado dessa farmácia tem um caixa eletrônico. Lá o sr. pode sacar dinheiro.
Turista: Ah, perfeito! Agradeço muito pela sua ajuda!
Pedestre: Não há de quê!

Diálogo 7: Procurando um lugar para comer

Turista: Com licença, o sr. pode me recomendar um restaurante legal aqui perto, por favor?
Recepção: Com certeza. A sra. tem preferência por alguma culinária específica?
Turista: Talvez massas e salada, ou melhor, hambúrguer e batata frita para as crianças.
Recepção: Bem, neste caso eu aconselharia a sra. a ir ao centro, lá tem uma rua do lado do mercado com muitos restaurantes. Fica bem perto.
Turista: Parece uma boa ideia. Qual é o melhor caminho até lá?
Recepção: Vou mostrar no mapa da cidade.

Diálogo 8: Numa lanchonete

Garçonete: Boa noite, srs., o que posso trazer?
Turista 1: Eu queria uma linguiça grelhada com salada de batata, por favor.
Turista 2: Para mim, as salsichas de Frankfurt com salada mista e molho ao creme, por favor.
Garçonete: Certo, e para beber?

Turista 1: Uma cerveja clara, por favor.
Garçonete: Está bem, e para o sr.?
Turista 2: Uma cerveja de trigo, por favor.
Garçonete: Ok! Eu já volto.

Diálogo 9: O sr. pode recomendar algumas atrações, por favor?

Turista: Bom dia. Gostaria de visitar a cidade. O sr. pode recomendar algumas atrações, por favor?
Recepção: Com todo prazer, temos uma grande variedade de atrações históricas e culturais. A sra. já visitou algum lugar?
Turista: Na verdade, ainda não. Só cheguei ontem à noite.
Recepção: Então, vou lhe mostrar algumas atrações no mapa. A sra. se interessa mais pela cidade velha, museus, monumentos, parques?

Diálogo 10: Na loja de calçados

Vendedor: Posso ajudá-lo?
Turista: Estou procurando um tênis. O sr. tem alguma coisa em promoção?
Vendedor: Temos alguns modelos que estão com 20% de desconto. Vou mostrá-los para o sr., por favor, siga-me.
Turista: O sr. tem estes na cor preta?
Vendedor: Acho que sim, vou dar uma olhada. Que tamanho o sr. usa?
Turista: Meu tamanho é 41 ou 42. Depende da fôrma.
Vendedor: Ainda temos um par 42. O sr. gostaria de experimentar?
Turista: Sim, muito obrigado!

Diálogo 11: Uma consulta médica

Médico: Pode entrar, por favor.
Paciente: Bom dia, doutor!
Médico: Qual é o problema?
Paciente: Bem, estou com esta alergia no braço há 2 dias.
Médico: Deixe-me dar uma olhada.

Paciente: Por favor.
Médico: Uhm, o sr. é alérgico a algum produto?
Paciente: Bem, não que eu saiba.
Médico: Bom, vou receitar então um creme. O sr. deve passar 2 vezes ao dia. Nos próximos dias evite coçar. Logo deverá melhorar.
Paciente: Muito obrigado, doutor!

Glossário Português-Alemão

A

A tempo: *rechtzeitig*
Abandonar: *aufgeben, verlassen*
Abastecer: *tanken/tankte/hat getankt*
Aberto: *offen*
Abridor de garrafa: *der Flaschenöffner*
Abridor de lata: *der Dosenöffner, der Büchsenöffner*
Abril: *der April*
Abrir: *öffnen/öffnete/hat geöffnet*
Acesso (passagem): *der Durchgang, der Zugang*
Acesso para rodovia: *die Autobahnauffahrt, der Autobahnanschluss*
Achados e perdidos: *das Fundbüro*
Achar (pensar): *finden/fand/hat gefunden*
Acontecer: *passieren/passierte/ist passiert*
Acostamento: *der Seitenstreifen, die Standspur, der Pannenstreifen (A, CH)*
Adaptador de tomada: *der Reisestecker-Adapter*
Adega: *der Keller*
Administração: *die Verwaltung*
Adoçante: *der Süßstoff*
Adorar: *lieben/liebte/hat geliebt*
Aeromoça: *die Stewardess, die Flugbegleiterin*
Aeroporto: *der Flughafen*
Afastem-se, por favor! (na partida de trem ou metrô): *Bitte zurücktreten!*
Agência de correios: *das Postamt*
Agência de viagens: *das Reisebüro*
Agente de viagens: *der Reiseberater(in)*
Agora: *jetzt*
Agosto: *der August*
Agradável: *angenehm*
Água: *das Wasser*
Água da torneira: *das Leitungswasser*
Água potável: *das Trinkwasser*
Ainda: *noch*

Ajuda: *die Hilfe*
Ajudar: *helfen/half/hat geholfen*
Alarme de incêndio: *der Feueralarm*
Albergue da juventude: *die Jugendherberge*
Alfândega: *der Zoll*
Algo: *etwas*
Alguém: *jemand*
Alimentos: *die Lebensmittel (pl)*
Alojamento: *die Unterkunft*
Alta estação: *die Hochsaison*
Alto: *hoch (coisas), groß (pessoas), laut (som)*
Alto-falante: *der Lautsprecher*
Alugar: *mieten/mietete/hat gemietet*
Aluguel: *die Miete*
Amar: *lieben/liebte/hat geliebt*
Amarelo: *gelb*
Amargo: *bitter, herb*
Amigo: *der Freund*
Amizade: *die Freundschaft*
Andar: *das Stockwerk*
Anfiteatro ao ar livre: *die Freilichtbühne*
Anfitrião: *der Gastgeber*
Ano: *das Jahr*
Ano (nascimento, colheita, formatura, publicação): *der Jahrgang*
Antiguidade: *die Antiquität*
Antiquário: *das Antiquitätengeschäft*
Ao lado de: *neben*
Apertado: *eng*
Apólice de seguro: *die Versicherungspolice*
Aposentado: *der Rentner, der Pensionist*
Apresentar: *vorstellen/stellte... vor/ hat vorgestellt*
Aquecedor: *das Heizgerät, der Boiler (para água)*
Aquecimento (central): *die Heizung (Zentral-)*
Aqui: *hier*
Ar-condicionado (aparelho): *die Klimaanlage*
Ar-condicionado (sistema): *die Klimatisierung*
Área de descanso de estrada: *der Rastplatz*
Área para fumantes: *die Raucherzone*
Arranha-céus: *der Wolkenkratzer*
Arte: *die Kunst*
Artesanato: *das Kunsthandwerk*
Artificial (sintético): *künstlich*
Artista: *der Künstler*
Aspirina: *das Aspirin*
Assento para criança (carro): *der Kindersitz*
Assim: *so*
Assinar: *unterschreiben/unterschrieb/ hat unterschrieben*
Assinatura: *die Unterschrift*
Associação: *der Verein*
Atendimento ao cliente: *der Kundendienst*
Atrasado: *verspätet*
Atraso: *die Verspätung*
Aumentar (som, ar-condicionado): *lauter/stärker stellen*
Ausente: *abwesend*
Autêntico (verdadeiro): *echt*
Autoatendimento (*self-service*): *die Selbstbedienung (SB)*

Autorização: *die Genehmigung*
Azedo: *sauer*
Azul: *blau*

B

Bagagem: *das Gepäck*
Bagagem de mão: *das Handgepäck*
Baixa estação: *die Nachsaison, die Nebensaison*
Baixo (coisas): *niedrig*
Baixo (estatura): *klein*
Baixo (sons): *leise*
Balcão (bar): *die Theke, der Tresen*
Balcão de *check-in*: *der Check-in-Schalter , der Abfertigungsschalter*
Balcão de companhia aérea: *der Schalter der Fluggesellschaft*
Balcão de informações: *der Informationsschalter, der Auskunftsschalter, die Auskunft*
Baldeação de uma linha de ônibus, de metrô ou trem para outra: *die Umsteigung*
Balsa: *die Fähre, das Fährschiff*
Banca de jornal: *der Zeitungskiosk, der Zeitungsstand*
Banco: *die Bank*
Bandeja: *das Tablett*
Banheira: *die Badewanne*
Banheiro: *das Badezimmer, die Toilette (restaurante, aeroporto, cinema)*
Banho: *das Bad*
Bar: *die Kneipe, das Lokal, das Bierlokal, der Gasthof*
Barata: *die Kakerlake, die Schabe*
Barato: *billig, preiswert*
Barba: *der Bart*
Barco: *das Boot*
Barulhento: *laut, geräuschvoll, lärmend*
Bateria (pilha): *die Batterie*
Beber: *trinken/trank/hat getrunken*
Bebida: *das Getränk*
Bem-vindo a... : *Willkommen in...*
Bicicleta: *das Fahrrad*
Bigode: *der Schnurrbart*
Bilhete múltiplo (transporte público): *die Sammelfahrkarte, die Streifenkarte*
Bilhete válido por um dia: *die Tagesfahrkarte*
Bilhete válido por uma semana: *die Wochenkarte*
Bilheteria (cinema, teatro): *die Kasse (Theater-, Kino-)*
Bilheteria (estação de ônibus, trem): *der Fahrkartenschalter, die Kartenausgabenstelle*
Binóculos: *die Ferngläser (pl)*
Boa sorte!: *Viel Glück!*
Boate: *das Nachtlokal*
Boliche: *die Kegelbahn*
Bolsa (de mão): *die Tasche (Hand-)*
Bom apetite!: *Guten Appetit!, Mahlzeit!*
Bomba de gasolina: *die Zapfsäule*
Bombeiros: *die Feuerwehr*
Bonde: *die S-Bahn*
Boné: *die Mütze*
Bonito: *schön*
Bordado: *die Stickerei, gestickt (ser bordado)*
Bosque: *der kleine Wald*
Botão: *der Knopf*

Bote salva-vidas: *das Rettungsboot*
Branco: *weiß*
Brincadeira (gracejo): *der Scherz*
***Brunch*:** *der Brunch (café da manhã tardio com pratos leves do almoço)*
Bule pequeno: *das Kännchen*
Buscar (alguém em algum lugar): *abholen/holte... ab/hat abgeholt*
Bússola: *der Kompass*

C

Cabine do comandante: *das Cockpit, die Pilotenkanzel*
Cachoeira: *der Wasserfall*
Cadeira: *der Stuhl*
Cadeira de rodas: *der Rollstuhl*
Cadeirão (restaurante): *der Kinderstuhl*
Café da manhã: *das Frühstück*
Cafeteira elétrica: *die Kaffeemaschine*
Caixa: *die Kasse*
Caixa (funcionário): *der Kassierer (Kassier), der Kassenbeamte*
Caixa dos correios: *der Briefkasten*
Caixa eletrônico de banco: *der Geldautomat*
Calçada: *der Bürgersteig, der Gehsteig, das Trottoir (CH)*
Calçadão (zona de pedestres): *die Fußgängerzone*
Calor: *die Hitze*
Cama: *das Bett*
Cama-beliche: *das Etagenbett, das Hochbett, das Stockbett*
Cama dobrável: *das Klappbett*
Camareira: *das Zimmermädchen*
Caminhada: *die Wanderung*
Caminhar: *laufen/lief/ist gelaufen, wandern/wanderte/ist gewandert*
Cancelado (ser): *ist ausgefallen*
Cancelar: *absagen/sagte... ab/hat abgesagt*
Caneca (copo de leite): *der Milchbecher*
Caneca de cerveja: *der Bierkrug*
Caneca de cerveja de um litro: *die Maß, der Maßkrug*
Caneta: *der Kuli*
Cansado: *müde*
Canteiro de obras: *die Baustelle*
Canudinho: *der Strohhalm, der Trinkhalm*
Cardápio: *die Speisekarte*
Carimbo: *der Stempel*
Carnaval: *der Fasching, die Fastnacht*
Carnê de dez passagens: *die Zehnerkarte*
Caro: *teuer*
Carregador de bagagem (hotel): *der Hotelpage*
Carro de aluguel: *der Mietwagen*
Cartão de crédito: *die Kreditkarte*
Cartão de embarque: *die Bordkarte, die Einstiegskarte*
Cartão eletrônico: *die Chipkarte*
Cartão-postal: *die Postkarte, die Ansichtskarte*
Carteira: *die Brieftasche, das Portemonnaie*
Carteira de identidade: *der Ausweis (Personal-)*
Carteira de motorista: *der Führerschein*
Casa com madeiramento aparente:

das Fachwerkhaus
Casa de câmbio: *die Wechselstube*
Casado(a): *verheiratet*
Castelo: *das Schloss*
Catedral: *der Dom, die Kathedrale, das Münster*
Católico: *der Katholik, katholisch*
Caverna: *die Höhle*
Cedo: *früh*
Cemitério: *der Friedhof*
Centro da cidade: *die Stadtmitte, das Stadtzentrum, die Innenstadt*
Centro de convenções: *das Messegelände*
Centro financeiro: *das Finanzviertel*
Cerâmica: *die Keramik, die Töpferkunst*
Certificado: *das Zertifikat*
Cerveja clara: *das Pils*
Cervejaria (bar): *das Bierlokal, die Bierstube, die Bierkneipe, die Bierhalle*
Cervejaria (fábrica): *die Brauerei, das Brauhaus,*
Chafariz: *der Springbrunnen*
Chão: *der Boden*
Chapa do carro: *das Autokennzeichen, das Nummernschild*
Charuto: *die Zigarre*
Chave: *der Schlüssel*
Chegada: *die Ankunft*
Chegar: *ankommen/kam... an/ist angekommen*
Cheio: *voll*
Cheque: *der Scheck*
Chover: *regnen/regnete/hat geregnet*
Churrascaria: *das Steakhaus*
Churrasco: *das Barbecue, die Grillparty*
Chuva: *der Regen*
Chuveiro: *die Dusche*
Ciclista: *der Radfahrer*
Ciclovia: *der Fahrradweg*
Cidade de águas termais: *die Kurstadt*
Cidade velha: *die Altstadt*
Cinema: *das Kino*
Cinto de segurança: *der Sicherheitsgurt*
Cinza: *grau*
Cinzeiro: *der Aschenbecher*
Circo: *der Zirkus*
Circuito esportivo em num parque: *der Trimm-dich-Pfad*
Classe econômica: *die Economyclass, die Touristenklasse, die zweite Klasse*
Classe executiva: *die Businessclass, die erste Klasse*
Cliente: *der Kunde*
Cobertor: *die Decke*
Cobrador: *der Schaffner*
Código (informática): *der Kode, der Code*
Código bancário: *die Bankleitzahl (BLZ)*
Código postal: *die Postleitzahl (PLZ)*
Cofre: *das/der Safe*
Colchão: *die Matratze*
Colete salva-vidas: *die Rettungsweste, die Schwimmweste*
Colher: *der Löffel*
Colocar o cinto de segurança: *anschnallen (sich)/schnallte sich an/ hat sich angeschnallt*
Colorido: *bunt, farbig*
Com: *mit*

Com antecedência: *im Voraus*
Com licença!: *Entschuldigung!, Entschuldigen Sie!, Verzeihung!*
Combustível: *der Treibstoff, der Kraftstoff, das Treibmittel*
Começar: *anfangen/fing... an/hat angefangen, beginnen/begann/hat begonnen*
Comer: *essen/aß/hat gegessen*
Comissão (financeira): *die Provision*
Comissário(a) de bordo: *der Steward(ess), der Flugbegleiter(in)*
Companhia (empresa): *das Unternehmen, die Gesellschaft, die Firma*
Companhia aérea: *die Fluggesellschaft*
Compartimento de trem: *das Zugabteil, das Coupé (A)*
Comprar: *kaufen/kaufte/hat gekauft*
Comprido: *lang*
Comprimento: *die Länge*
Comprimido: *die Tablette*
Compromisso (hora marcada): *der Termin, die Verabredung*
Comprovante de pagamento (de estadia): *der Beleg, der Gutschein*
Comprovante de reserva: *der Buchungsbeleg*
Concerto: *das Konzert*
Condimentado: *würzig, gewürzt*
Conexão: *der Anschluss*
Conexão aérea: *die Flugverbindung*
Confeitaria: *die Konditorei*
Conferência: *der Vortrag*
Confirmar: *bestätigen/bestätigte/hat bestätigt*
Confortável: *bequem, gemütlich, komfortabel*
Congelador horizontal: *die Tiefkühltruhe*
Congelador vertical: *der Tiefkühlschrank*
Congestionamento: *der Stau*
Conhecer alguém (primeira vez): *kennen lernen/lernte... kennen/hat kennen gelernt*
Conhecido (famoso): *bekannt, beliebt, prominent*
Consertar: *reparieren/reparierte/hat repariert*
Conserto: *die Reparatur*
Consideração: *die Rücksicht*
Consulado: *das Konsulat*
Consulta médica: *die Sprechstunde*
Consultório: *die Praxis*
Consumo: *der Verbrauch*
Conta (restaurante): *die Rechnung, die Faktura (A, CH)*
Contêiner para lixo : *die Mülltonne*
Conteúdo: *der Inhalt*
Contra: *gegen*
Contrato: *der Vertrag*
Conversor de voltagem: *der Spannungswandler, der Spannungskonverter*
Convite: *die Einladung*
Cópia: *die Kopie*
Copo: *das Glas*
Cor: *die Farbe*
Correios: *die Post*
Corrente elétrica: *der Strom*
Correr (caminhar): *laufen/lief/ist gelaufen*

Corretor de imóveis: *der Immobilienmakler*
Corrida: *das Rennen*
Cortar: *schneiden/schnitt/hat geschnitten*
Corte: *der Schnitt*
Cortina: *die Gardine, der Vorhang*
Costa (litoral): *die Küste*
Costume: *die Sitte*
Cozinhar: *kochen/kochte/hat gekocht*
Cozinheiro(a): *der Koch, die Köchin*
Criança: *das Kind*
Cristal: *das Kristallglas*
Crocante: *knusprig*
Cruz: *das Kreuz*
Cruzamento: *die Kreuzung*
Cruzeiro: *die Kreuzfahrt, die Schiffsreise*
Cuidado!: *Achtung!*
Culinária alemã: *die deutsche Küche*
Curativo adesivo: *das Pflaster*
Curto: *kurz*
Custar: *kosten/kostete/hat gekostet*
Custo adicional: *der Aufschlag, der Aufpreis*
Cyber café (com acesso à internet): *das Internetcafé*

D

Dança: *der Tanz*
Dançar: *tanzen/tanzte/hat getanzt*
Danceteria: *das Tanzlokal, die Disko*
Danificar: *beschädigen/beschädigte/hat beschädigt*
Dano material: *der Sachschaden*
Dar: *geben/gab/hat gegeben*
Dar descarga: *hinunterspülen/spülte hinunter/hat hinuntergespült*
Data: *das Datum*
Data de nascimento: *das Geburtsdatum*
De segunda mão: *aus zweiter Hand*
Declaração de alfândega: *die Zollerklärung*
Declarar: *erklären, bekannt geben*
Decolagem: *der Abflug, der Start*
Decolar: *starten/startete/ist gestartet, abfliegen/flog... ab/ist abgeflogen*
Decoração (mobília): *die Möblierung*
Deficiente físico: *der Behinderte*
Degustação: *die Kostprobe*
Degustação de vinho: *die Weinprobe*
Delegacia de polícia: *die Polizeidienststelle, das Polizeikommissariat (A)*
Delicado (macio): *zart*
Delicioso: *lecker, schmackhaft (comida), köstlich*
Demais: *zu viel, zu sehr, zu + adjetivo*
Dentro: *innen, innerhalb, drinnen, in*
Depois: *danach, nach, später*
Depósito: *die Einzahlung, die Anzahlung*
Depósito de garantia para vasilhame: *das Pfand*
Depressa: *schnell, zügig, rasch, geschwind*
Desagradável: *unangenehm*
Descansar: *sich ausruhen/ruhte sich... aus/hat sich ausgeruht*
Descarga: *die Spülung*
Descer do ônibus, do trem: *aussteigen/stieg... aus/ist ausgestiegen*

GLOSSÁRIO PORTUGUÊS / ALEMÃO

Descontar (cheque): *einlösen/löste... ein/hat eingelöst*
Desconto: *der Rabatt, der Nachlass*
Desconto (por idade): *die Ermäßigung*
Desculpa: *die Entschuldigung*
Desligar (luz, TV, rádio, ar-condicionado): *ausschalten/schaltete... aus/hat ausgeschaltet*
Desmaiar: *in Ohnmacht fallen*
Desmaio: *die Ohnmacht*
Desnatado: *entrahmt*
Despertador: *der Wecker*
Destino: *das Reiseziel, der Bestimmungsort*
Desvio: *die Umleitung*
Devagar: *langsam*
Dever (dinheiro a alguém): *schulden/schuldete/hat geschuldet*
Dever (substantivo): *die Pflicht*
Devolução de troco (máquina): *die Münzrückgabe, die Geldrückgabe*
Devolução de vasilhame com depósito de garantia: *die Pfandrückgabe*
Dezembro: *der Dezember*
Dia útil: *der Werktag*
Diagnóstico: *die Diagnose*
Diária de hotel: *die Übernachtung*
Diariamente: *täglich*
Dica: *der Tipp*
Dieta: *die Diät, die Schonkost*
Difícil: *schwierig*
Diminuir, abaixar (ar-condicionado, som): *niedriger stellen/stellte... niedriger/hat niedriger gestellt*
Dinheiro: *das Geld*
Direção (no espaço): *die Richtung*
Direita (à): *rechts*
Direto: *direkt, gerade*
Dirigir: *fahren/fuhr/ist gefahren*
Disponibilidade: *die Verfügbarkeit*
Disponível: *verfügbar*
Divertido: *lustig, köstlich*
Divertir-se: *Spaß/Freude haben, sich amüsieren, genießen*
Dividir: *teilen/teilte/hat geteilt*
Divorciado: *geschieden*
Dizer: *sagen/sagte/hat gesagt*
Dobrar para cima (levantar mesa do avião): *hochklappen/klappte hoch/hat hochgeklappt*
Doce: *süß*
Doente: *krank*
Doer: *wehtun, schmerzen*
Doloroso: *schmerzhaft*
Dono de restaurante: *der Wirt*
Dono(a): *der Besitzer(in)*
Dormir: *schlafen/schlief/hat geschlafen*
Drogaria: *die Drogerie (veja nota p. 141)*
Dublado: *synchronisiert*
Ducha: *die Dusche*
Duração: *die Dauer*
Durante: *während*
Durar: *dauern/dauerte/hat gedauert*
Duro: *hart*

E

Efeito colateral: *die Nebenwirkung*
Elevador: *der Aufzug, der Lift*
Em cima: *oben*
Em frente (do outro lado): *gegenüber*
Embaixada: *die Botschaft*
Embaixador: *der Botschafter*

Embarcar (avião): *besteigen/bestieg/hat bestiegen, an Bord gehen*

Embarcar (trem, ônibus): *zusteigen/stieg... zu/ist zugestiegen, einsteigen/stieg... ein/ist eingestiegen*

Emergência: *der Notfall*

Empresa: *das Unternehmen, die Firma*

Emprestar: *leihen/lieh/hat geliehen*

Encontrar: *treffen/traf/hat getroffen*

Endereço: *die Adresse, die Anschrift*

Endereço de e-mail: *die E-Mail-Adresse*

Enfermeira: *die Krankenschwester, die Krankenpflegerin*

Engano (telefônico): *verwählen (sich)/verwählte sich/hat sich verwählt, die falsche Nummer wählen*

Engarrafamento (trânsito): *der Stau (Verkehrs-)*

Engraçado: *lustig, witzig, komisch (positivo e negativo)*

Ensolarado: *sonnig*

Entender: *verstehen/verstand/hat verstanden*

Entrada (ingresso, bilhete): *der Eintritt, das Billett (A, CH)*

Entrada (prédio, casa): *der Eingang*

Entrada (veículos): *die Einfahrt*

Entrada em um território: *die Einreise*

Entrar: *eintreten/trat... ein/ist eingetreten*

Entrega: *die Lieferung*

Entregar: *liefern/lieferte/hat geliefert, geben/gab/hat gegeben*

Envelope: *der Briefumschlag*

Enviar: *senden/sendete/hat gesendet*

Equipamento: *die Ausrüstung, das Equipment*

Errado: *falsch*

Erro: *der Fehler, der Irrtum*

Escada: *die Treppe*

Escada de emergência (externa): *die Feuerleiter*

Escada rolante: *die Rolltreppe*

Escala (voo): *die Zwischenlandung*

Escolher: *wählen/wählte/hat gewählt*

Escorregadio: *rutschig, glitschig, glatt*

Escrever: *schreiben/schrieb/hat geschrieben*

Escritório: *das Büro*

Escuro: *dunkel*

Esgotado (ingressos): *ausverkauft, ausgebucht*

Esgotado (mercadoria): *ausverkauft, nicht mehr im Lager, vergriffen (livros)*

Espelho: *der Spiegel*

Esperar: *warten/wartete/hat gewartet*

Esperar na fila: *in der Schlange warten*

Espetáculo: *die Vorstellung, die Show*

Esporte: *der Sport*

Espreguiçadeira: *der Deckstuhl, der Liegestuhl*

Esquerda (à): *links*

Esquina: *die Straßenecke*

Estação de metrô: *die U-Bahnstation, der U-Bahnhof*

Estação de trem (principal): *der Bahnhof (Hauptbahnhof)*

Estação do ano: *die Jahreszeit*

Estação final (terminal):

die Endstation

Estação rodoviária: *der Busbahnhof*

Estacionamento: *der Parkplatz, das Parkhaus*

Estacionar: *parken/parkte/hat geparkt*

Estadia: *der Aufenthalt*

Estádio: *das Stadion, das Sportstadion*

Estar a caminho (em deslocamento): *unterwegs sein*

Estar satisfeito (comida): *satt sein*

Estátua: *die Statue*

Esteira para retirar a bagagem: *die Gepäckausgabe*

Estepe (pneu sobressalente): *der Ersatzreifen, der Reservereifen*

Estrada: *die Landstraße, die Bundesstraße*

Estrada pedagiada: *die Mautstraße*

Estranho: *seltsam, merkwürdig, fremd (desconhecido)*

Estreia (filme, teatro): *die Uraufführung*

Estreito: *schmal*

Estudante: *der Student, der Schüler*

Estudar (nível superior): *lernen/lernte/hat gelernt (studieren/studierte/hat studiert)*

Etiqueta: *das Etikett*

Evento: *die Veranstaltung*

Exato: *genau*

Excursão: *der Ausflug*

Exposição: *die Ausstellung*

Extintor de incêndio: *der Feuerlöscher*

F

Faca: *das Messer*

Fácil: *leicht, einfach*

Faixa de pedestre: *der Zebrastreifen, der Fußgängerübergang*

Falar: *sprechen/sprach/hat gesprochen*

Falta de energia: *der Stromausfall*

Faltando (está): *es fehlt*

Famoso: *berühmt, bekannt, prominent*

Farmácia: *die Apotheke*

Farol (costa): *die Ampel (der Leuchtturm)*

Faxineira(o): *die Reinigungskraft, der Raumpfleger*

Fazenda: *der Bauernhof*

Fazer as malas: *die Koffer packen/packte/hat gepackt*

Fazer compras: *einkaufen gehen*

Fazer o *check-in* no aeroporto: *im Flughafen einchecken*

Fazer o *check-in* no hotel: *sich im Hotel anmelden*

Fazer o *check-out* (no hotel): *aus dem Hotel auschecken*

Fazer um cheque, preencher um cheque: *einen Scheck ausstellen, ausfüllen*

Fechado: *geschlossen*

Fechadura: *das Schloss*

Fechar: *schließen/schloss/hat geschlossen*

Feio: *hässlich*

Feira anual com atrações: *der Jahrmarkt*

Feira de Natal: *der Weihnachtsmarkt*

Feito à mão: *handgemacht*

Feliz aniversário!: *Herzlichen Glückwunsch zum Geburtstag!*

Feliz ano-novo!: *Frohes neues Jahr!*

Feliz Natal!: *Frohe Weihnachten!*

Fenda para colocar moedas numa máquina: *der Münzeinwurf, der Geldeinwurf*
Feriado: *der Feiertag*
Férias: *der Urlaub*
Ferrovia: *die Bahn, die Eisenbahn*
Festa: *die Party, die Feier*
Festa em trajes típicos: *das Trachtenfest*
Festival: *das Festspiel*
Fevereiro: *der Februar*
Ficar: *bleiben/blieb/ist geblieben*
Ficha (formulário): *das Formular, der Fragebogen*
Fila: *die Schlange*
Filme: *der Film*
Filme policial (romance): *der Krimi*
Flash fotográfico: *der Blitz*
Flor: *die Blume*
Floresta: *der Wald*
Floricultura: *das Blumengeschäft, der Florist*
Fogão: *der Küchenherd*
Fogo: *das Feuer*
Fogos de artifício: *das Feuerwerk*
Folheto: *die Broschüre*
Fonte: *der Brunnen, die Fontäne*
Fora: *draußen*
Formalidades da alfândega: *die Zollabfertigung*
Formidável: *großartig*
Formulário: *das Formular, der Fragebogen*
Forno: *der Ofen*
Forno de micro-ondas: *der Mikrowellenherd*
Fortaleza: *die Burg, die Festung*
Forte: *stark*
Fósforos: *die Streichhölzer*
Fotografar: *ein Foto machen*
Fotografia: *das Foto, die Aufnahme*
Fotógrafo(a): *der Fotograf(in)*
Fraldário: *der Wickelraum*
Fratura: *der Bruch*
Frentista: *die Tankwart*
Frequente: *oft*
Fresco: *frisch*
Frigobar: *die Minibar*
Frio: *kalt*
Fronha: *der Kopfkissenbezug*
Fronteira: *die Grenze*
Fumante: *der Raucher*
Fumar: *rauchen/rauchte/hat geraucht*
Funcionar: *funktionieren/funktionierte/hat funktioniert, laufen/lief/hat gelaufen*
Fundo: *tief*

G

Galeria de arte: *die Kunstgalerie*
Garçom (Garçonete): *der Kellner(in), die Bedienung*
Garfo: *die Gabel*
Garrafa: *die Flasche*
Garrafa retornável com depósito de garantia: *die Mehrwegflasche, die Pfandflasche*
Gasolina: *das Benzin, der Sprit (informal)*
Gasolina sem chumbo: *bleifreies Benzin*
Gastar dinheiro: *ausgeben/gab... aus/hat ausgegeben*
Geada: *der Frost*

Geladeira: *der Kühlschrank*
Gelo: *das Eis*
Gelo na pista: *das Glatteis*
Genial: *toll!, genial!, klasse!*
Gente: *die Leute, die Menschen*
Gentil: *nett, lieb*
Gerente: *der Leiter*
Gordura reduzida (*light*): *fettarm*
Gorjeta: *das Trinkgeld*
Gostar: *gernhaben/hatte... gern/hat gerngehabt, mögen/mochte/hat gemocht*
Governança: *das Housekeeping*
GPS (*Global Positioning System*): *das GPS (Globales Positionsbestimmung System), das Navigationssystem (Navi)*
Grama: *das Gras*
Grama (medida de peso): *das Gramm*
Gramado: *die Wiese*
Grande: *groß*
Gratuito: *gratis, kostenlos, umsonst*
Graus: *der/das Grad*
Grave: *ernsthaft, seriös, bedenklich*
Grávida: *schwanger*
Grosso: *dick*
Grupo: *die Gruppe*
Guarda-chuva: *der Regenschirm*
Guarda-volume (estação de trem, aeroporto): *das Schließfach (Gepäck-)*
Guardanapo: *die Serviette*
Guardanapo de papel: *die Papierserviette*
Guerra: *der Krieg*
Guia (livro): *der Reiseführer*
Guia de viagem (pessoa): *der Reiseleiter*
Guinchar (rebocar): *abschleppen/schleppte... ab/hat abgeschleppt*
Guincho (veículo): *der Abschleppwagen*

H

Hall de entrada: *die Eingangshalle, das Foyer (Hotel, Theater)*
Hoje: *heute*
Homem: *der Mann*
Hora: *die Stunde*
Hora do rush: *die Hauptgeschäftszeit, die Hauptverkehrszeit, die Rushhour*
Horário comercial: *die Geschäftszeiten, die Öffnungszeiten*
Horário de fechamento das lojas: *die Ladenschlusszeiten*
Horário de visitação: *die Besichtigungszeiten, die Besuchszeiten*
Horários de ônibus, trens, voos: *der Fahrplan, die Fahrplantabelle, der Flugplan*
Horrível: *schrecklich, entsetzlich*
Hospedar alguém: *jemanden beherbergen*
Hóspede: *der Gast*
Hospital: *das Krankenhaus*
Hotel: *das Hotel*
Hotel cinco estrelas: *das Fünf-Sterne-Hotel*

I

Ida e volta (passagem): *hin und zurück (Fahrkarte)*

Idade: *das Alter*
Idade Média: *das Mittelalter*
Idosos: *die Senioren*
Igreja: *die Kirche*
Igual: *gleich*
Ilegal: *illegal, rechtswidrig, widerrechtlich*
Ilha: *die Insel*
Imediatamente: *sofort*
Imperador: *der Kaiser*
Imposto: *die Steuer*
Imposto sobre valor agregado (IVA): *die Mehrwertsteuer (MwSt.)*
Incluído: *inbegriffen, einbezogen*
Incluir: *einbeziehen, einschließen*
Incomodar: *stören/störte/hat gestört, belästigen/belästigte/hat belästigt*
Indicar: *angeben/gab... an/hat angegeben*
Infelizmente: *leider*
Inferior: *niedriger, tiefer*
Informação: *die Auskunft, die Information*
Informações turísticas: *das Fremdenverkehrsamt*
Informática: *die EDV (elektronische Datenverarbeitung)*
Infração de trânsito: *die Verkehrsverletzung*
Ingresso: *der Eintritt*
Inscrição: *die Anmeldung*
Insônia: *die Schlaflosigkeit, die Schlafstörung*
Instalações: *die Einrichtungen, die Dienstleistungen*
Instruções: *die Anweisungen*
Interessante: *interessant*
Intérprete: *der Dolmetscher*
Interruptor de luz: *der Schalter*
Interurbano: *das Ferngespräch*
Inverno: *der Winter*
Ir: *gehen/ging/ist gegangen*
Isento de taxas alfandegárias: *zollfrei*
Isqueiro: *das Feuerzeug*
Isso (não) me agrada (não gosto disso): *das/es gefällt mir (nicht)*

J

Janeiro: *der Januar*
Janela: *das Fenster*
Jantar: *das Abendessen*
Jardim: *der Garten*
Joalheria: *der Juwelierladen*
Jogar (esportes, jogos): *spielen/spielte/hat gespielt*
Jogo: *das Spiel*
Jornal: *die Zeitung*
Jovem: *jung, der Jugendliche*
Julho: *der Juli*
Junho: *der Juni*

K

Karaokê: *das Karaoke*

L

Lá: *dort*
Ladrão: *der Dieb*
Lago: *der See*
Lagoa: *der Teich, das Bassin*
Lâmpada: *die Glühbirne*
Lanche: *das belegte Brot, der Snack, der Imbiss*
Lanche à noite: *das Abendbrot, die Brotzeit (südd.)*

Lanchonete: *die Imbissbude, der Schnellimbiss, die Snackbar*
Lanterna: *die Taschenlampe*
Lar: *das Heim*
Largo: *weit*
Lata (refrigerante, conserva): *die Dose*
Lavagem a seco: *die Trockenreinigung*
Lavanderia (autosserviço): *der Waschsalon, die Schnellwäscherei*
Lavatório de banheiro: *das Waschbecken*
Legal: *toll, super*
Legenda de filme: *der Untertitel*
Lembrança de viagem (recordação): *das Andenken (Reise-), das Souvenir*
Lenço de papel: *das Papiertaschentuch*
Lençóis: *die Laken*
Lençol: *das Betttuch*
Lentes de contato: *die Kontaktlinsen*
Lento: *langsam*
Ler: *lesen/las/hat gelesen*
Leste: *der Osten*
Levantar: *aufstehen/stand... auf/ist aufgestanden*
Levantar o carro: *das Auto aufbocken*
Levar: *mitnehmen/nahm... mit/hat mitgenommen*
Leve: *leicht*
Ligação a cobrar: *das R-Gespräch*
Ligação internacional: *das Auslandsgespräch*
Ligar (luz, TV, rádio, ar-condicionado): *andrehen/drehte... an/hat angedreht, einschalten/schaltete... ein/hat eingeschaltet*
Limite de velocidade: *das Tempolimit, die Geschwindigkeitsbegrenzung*
Limpar: *putzen/putzte/hat geputzt*
Limpeza: *die Reinigung*
Limpo: *sauber*
Língua materna: *die Muttersprache*
Liquidação: *der Ausverkauf, der Schlussverkauf*
Liso (sem estampa): *einfarbig, glatt*
Lista telefônica: *das Telefonbuch*
Litro: *der Liter*
Livraria: *die Buchhandlung*
Livraria de livros usados, antigos (sebo): *das Antiquariat*
Livre: *frei*
Livro: *das Buch*
Lixeira: *der Abfalleimer, die Mülltonne*
Lixo: *der Abfall, der Müll*
Locação de bicicletas: *der Fahrradverleih*
Local: *der Ort, der Platz, die Stelle*
Local para despachar as bagagens: *die Gepäckabfertigung*
Localização: *die Lage, der Standort, die Ortsangabe*
Logo: *bald, gleich*
Loja: *das Geschäft, der Laden*
Loja de artigos esportivos: *das Sportgeschäft*
Loja de brinquedos: *das Spielwarengeschäft*
Loja de conveniência: *der Mini-Markt*
Loja de departamentos: *das Kaufhaus, das Warenhaus*
Loja de eletrônicos: *der Elektronikladen*
Longe: *weit, entfernt*
Lotado (cheio): *überfüllt, voll,*

gedrängt
Louça: *das Geschirr*
Lua de mel: *die Flitterwochen, die Hochzeitsreise*
Lugar: *der Ort, der Platz, die Stelle*
Luz: *das Licht*

M

Maduro: *reif*
Maestro: *der Dirigent*
Maio: *der Mai*
Maiô: *der Badeanzug (fem), die Badehose (masc)*
Maior de idade: *volljährig*
Mais: *mehr*
Maître: *der Ober*
Mal: *schlecht, schlimm*
Mal-educado: *unhöflich, ungezogen, grob*
Mal-entendido: *das Missverständnis*
Mala: *der Koffer, die Reisetasche*
Maleta de mão: *die Aktentasche, die Mappe*
Mamadeira: *die Babyflasche, die Milchflasche*
Manhã: *der Morgen, der Vormittag*
Manual de instruções: *die Gebrauchsanleitung*
Mapa da cidade: *die Karte, der Stadtplan*
Mapa rodoviário: *die Autobahnkarte, die Straßenkarte*
Máquina de bebidas, doces, salgados: *der Automat*
Máquina de café com moedas: *der Kaffeeautomat*
Máquina de lavar: *die Waschmaschine*
Máquina fotográfica: *die Kamera*
Máquina não devolve troco: *Kein Restgeld*
Mar: *das Meer*
Mar Mediterrâneo: *das Mittelmeer*
Marcar um horário: *einen Termin ausmachen, eine Verabredung treffen*
Março: *der März*
Margem: *das Ufer*
Marrom: *braun*
Mas: *aber*
Matinê: *die Nachmittagsvorstellung, die Frühvorstellung, die Matinee*
Mau: *böse, schädlich, schlimm*
Mecânico: *der Mechaniker*
Medicamento: *das Medikament, das Mittel (Arznei-)*
Medicamento com receita médica: *das rezeptpflichtige Medikament*
Médico de plantão: *der Notarzt*
Médico(a): *der Arzt (Ärztin)*
Medida: *das Maß*
Meio quilo: *das Pfund*
Melhor do que: *besser als*
Menor de idade: *der Minderjährige*
Mensagem: *die Nachricht, die Mitteilung, die Botschaft*
Mercadinho: *das Lebensmittelgeschäft, der Tante Emma-Laden, der Greißler (A)*
Mercado: *der Markt*
Mercado de pulgas: *der Flohmarkt*
Mercearia de produtos orgânicos e dietéticos: *der Bioladen, der Naturkostladen, das Reformhaus*
Mercearia fina: *das*

Delikatessengeschäft, der Feinkostladen
Merece ser visto: *sehenswert*
Mês: *der Monat*
Mesa: *der Tisch*
Mesmo: *gleich, selbst*
Mesquita: *die Moschee*
Metade: *die Hälfte*
Metrô: *die U-Bahn, die U (A)*
Milhagem: *das Meilenkonto*
Mirante: *der Aussichtsturm*
Missa: *die Messe, der Gottesdienst*
Mistura de frutas secas: *das Studentenfutter*
Mobília: *die Ausstattung, die Möblierung*
Mochila: *der Rucksack*
Moderno: *modern*
Moeda: *die Münze, das Geldstück*
Moeda corrente: *die Währung*
Molhado: *nass*
Montanha-russa: *die Achterbahn*
Montanha(s): *der Berg (das Gebirge)*
Monumento: *das Denkmal*
Morar: *wohnen/wohnte/hat gewohnt*
Morno: *lauwarm*
Morro: *die Anhöhe*
Mosteiro: *das Kloster, das Stift*
Mostrar: *zeigen/zeigte/hat gezeigt*
Motorista: *der Fahrer*
Mouse: *die Maus*
Muçulmano: *der Muslim*
Mudar: *ändern/änderte/hat geändert*
Muito: *viel (quantitativo), sehr (intensidade)*
Muletas: *die Krücken*
Mulher: *die Frau*
Multa: *die Strafe, die Geldstrafe, das Bußgeld (CH)*
Muro: *die Mauer*
Museu: *das Museum*
Música: *die Musik*

N

Nacionalidade: *die Staatsangehörigkeit*
Nada: *nichts*
Nadar: *schwimmen/schwamm/hat geschwommen*
Não perturbe: *nicht stören*
Não fumante: *der Nichtraucher*
Natal: *das Weihnachten*
Navio: *das Schiff*
Neblina: *der Nebel*
Nevar: *schneien/schneite/hat geschneit*
Neve: *der Schnee*
Ninguém: *niemand*
No exterior: *im Ausland*
No total: *insgesamt*
Noite: *der Abend, die Nacht*
Nome: *der Vorname*
Nome de solteira: *der Mädchenname*
Norte: *der Norden*
Novembro: *der November*
Novo: *neu*
Nublado: *bewölkt*
Nunca: *nie*

O

Objetivo (meta): *das Ziel*
Obra de arte: *das Kunstwerk*
Obra-prima: *das Meisterwerk*
Obrigado: *danke*
Oceano: *die See*

Oceano Atlântico: *der Atlantik*
Oceano Pacífico: *der Pazifik*
Óculos: *die Brille*
Óculos de sol: *die Sonnenbrille*
Ocupado: *besetzt (telefone), beschäftigt (pessoa)*
Oeste: *der Westen*
Oferta: *das Angebot*
Oficina mecânica: *die Kfz-Werkstatt*
Onda: *die Welle*
Ônibus: *der Bus*
Ônibus de ligação (aeroporto): *der Zubringerbus, der Shuttleservice*
Ontem: *gestern*
Ópera: *die Oper*
Opinião: *die Meinung*
Oportuno: *günstig*
Origem: *die Herkunft*
Orquestra: *das Orchester*
Ótica: *der Optiker*
Ótimo: *toll, prima*
Ouro: *das Gold*
Outdoor: *das Plakat*
Outono: *der Herbst*
Outubro: *der Oktober*
Ouvir: *hören/hörte/hat gehört*

P

Paciente (adjetivo): *geduldig*
Paciente (substantivo): *der Patient*
Pacote: *das Paket, das Päckchen*
Padaria: *die Bäckerei*
Padre: *der Priester, der Pfarrer, der Geistliche*
Pagamento: *die Bezahlung*
Pagamento em dinheiro (à vista): *bar*
Pagar: *bezahlen/bezahlte/hat bezahlt, zahlen/zahlte/hat gezahlt*
País: *das Land*
Palácio: *der Palast, das Schloss, die Pfalz*
Palco: *die Bühne*
Papel reciclável: *das Altpapier*
Papelaria: *der Schreibwarenladen, die Papeterie (CH)*
Parabéns!: *Herzlichen Glückwunsch!, Gratulation!*
Parar: *anhalten/hielt... an/hat angehalten*
Parlamento: *das Parlament*
Parque: *der Park*
Parque de diversões: *der Freizeitpark, der Vergnügungspark*
Parque temático: *der Themenpark*
Parquímetro: *die Parkuhr*
Partida de aviões: *der Abflug, der Start*
Partida de ônibus, trem: *die Abfahrt, die Abreise*
Passageiro: *der Fahrgast, der Fluggast*
Passagem (bilhete): *die Fahrkarte, der Fahrschein*
Passagem aérea: *das Flugticket, die Flugkarte, der Flugschein*
Passagem proibida: *Kein Durchgang!*
Passagem só de ida: *eine Fahrkarte nur hin*
Passagem subterrânea: *die Unterführung*
Passaporte: *der Reisepass, der Pass*
Passar férias: *den Urlaub verbringen*
Passe de transporte público por um certo tempo: *die Netzkarte*

Passe de transporte para múltiplas viagens: *der Mehrfahrten-Ausweis*
Passeio: *der Spaziergang*
Passeio ciclístico: *die Radtour*
Passeio de barco: *der Schiffsausflug, die Schifffahrt*
Passeio pelo porto: *die Hafenrundfahrt*
Passeio turístico pela cidade: *die Stadtrundfahrt, die Stadtbesichtigung*
Peça teatral: *das Theaterstück*
Pedaço: *das Stück*
Pedágio: *die Mautgebühr*
Pedestre: *der Fußgänger*
Pedido (restaurante, lanchonete): *die Bestellung*
Pedir: *bitten/bat/hat gebeten*
Pedir (restaurante, lanchonete): *bestellen/bestellte/hat bestellt*
Pedra preciosa: *der Edelstein*
Pelo menos: *wenigstens*
Pensão completa (meia): *die Vollpension (Halb-)*
Pensar: *denken/dachte/hat gedacht*
Pequeno: *klein*
Perder: *verlieren/verlor/hat verloren*
Perder (voo, ônibus, trem): *verpassen/verpasste/hat verpasst*
Perdido: *verloren*
Pergunta: *die Frage*
Periferia: *der Vorort*
Perigo: *die Gefahr*
Perigoso: *gefährlich*
Pernoite: *die Übernachtung*
Pertencer: *gehören/gehörte/hat gehört*
Perto: *nah, neben*
Perturbar: *stören/störte/hat gestört*
Pesado: *schwer*
Peso: *das Gewicht*
Pessoas: *die Menschen, die Personen*
Pia de cozinha: *das Spülbecken*
Piada: *der Witz, der Spaß*
Picante: *scharf, pikant*
Pilha: *die Batterie*
Pior do que: *schlimmer als*
Piscina: *das Schwimmbad*
Piscina coberta: *das Hallenbad*
Pitoresco: *malerisch*
Placa: *das Schild*
Plástico: *der Kunststoff*
Plataforma de trem: *das Gleis, der Bahnsteig*
Plugue macho: *der Stecker*
Polícia: *die Polizei*
Policial: *der Polizist*
Ponte: *die Brücke*
Ponto de encontro: *der Treffpunkt*
Ponto de ônibus, bonde: *die Haltestelle*
Ponto de táxi: *der Taxistand*
Pontual: *pünktlich*
Popular (apreciado): *beliebt*
Pôr (colocar): *legen/legte/hat gelegt, stellen/stellte/hat gestellt, tun/tat/hat getan*
Por que: *warum*
Pôr do sol: *der Sonnenuntergang*
Porção: *die Portion*
Porém: *jedoch*
Porque: *weil*
Portão de embarque (aeroporto): *der Flugsteig*

Porteiro: *der Pförtner, der Portier*
Porto: *der Hafen*
Possível: *möglich*
Pôster: *das Plakat*
Posto de gasolina: *die Tankstelle*
Pouco (um): *(ein) bisschen, (ein) wenig, etwas*
Pousada: *das Gasthaus, die Pension*
Praça: *der Platz*
Praça de alimentação: *der Food-Court, die Gourmetmeile*
Praça do mercado: *der Marktplatz*
Praia: *der Strand*
Praia de nudismo: *der FKK-Strand*
Prato: *der Teller*
Prato (culinária): *das Gericht, die Speise*
Prato do dia: *das Tagesgericht*
Prato principal: *die Hauptspeise*
Prazo de validade: *das Haltbarkeitsdatum, die Mindesthaltbarkeit*
Precioso: *kostbar*
Precisar: *brauchen/brauchte/hat gebraucht*
Preço: *der Preis*
Preço sugerido: *die Preisempfehlung*
Prédio: *das Gebäude, das Hochhaus*
Preencher (formulário, ficha): *ausfüllen/füllte... aus/hat ausgefüllt*
Prefeitura: *das Rathaus*
Preferência no trânsito: *die Vorfahrt*
Preferido: *lieblings-*
Prefixo de telefone: *die Vorwahl*
Presente: *das Geschenk*
Prestação de serviços: *die Dienstleistung*
Preto: *schwarz*
Previsão (meteorológica): *die Vorhersage (Wetter-)*
Primavera: *der Frühling*
Procurar: *suchen/suchte/hat gesucht*
Produção artesanal: *die Handarbeit, hausgemacht*
Proibido estacionar: *das Parkverbot, Parken verboten!*
Pronto: *fertig, bereit*
Pronto-socorro: *die Notaufnahme, die Unfallstation*
Proposta: *der Vorschlag*
Proteção ambiental: *der Naturschutz*
Prudência: *die Vorsicht*
Público: *öffentlich*
Puro: *pur*

Q

Quadro (pintura): *das Gemälde, das Bild*
Quando: *wann (pergunta), wenn, als*
Quantia: *der Betrag (dinheiro), die Menge (geral)*
Quantia fixa: *die Pauschale*
Quanto(a): *wie viel*
Quantos(as): *wie viele*
Quarta-feira: *der Mittwoch*
Quarteirão: *der Straßenblock, der Häuserblock*
Quarto (dormitório): *das Zimmer (Schlaf-)*
Quarto com café da manhã: *das Hotel Garni, das Fremdenzimmer, die Frühstückspension*
Quarto de casal: *das Doppelzimmer (DZ)*

Quarto de hora: *die Viertelstunde*

Quarto de solteiro: *das Einzelzimmer (EZ)*

Quarto para hóspedes com café da manhã: *das Fremdenzimmer*

Quase: *fast, beinahe*

Quem: *wer (nominativo), wen (acusativo), wem (dativo)*

Quente: *heiß, warm*

Quilo: *das Kilo*

Quilograma: *das Kilogramm*

Quilometragem: *der Kilometerstand, der Tachostand*

Quilometragem limitada: *die Kilometerbegrenzung*

Quilômetro: *der Kilometer*

Quinta-feira: *der Donnerstag*

R

Rádio: *der Rundfunk*

Ramal de telefone: *die Durchwahl*

Rápido: *schnell, rasch, zügig*

Raro: *selten*

Rebocar: *abschleppen/schleppte... ab/hat abgeschleppt*

Reboque: *der Anhänger*

Recado: *die Nachricht*

Receita médica: *das (ärztliche) Rezept, die Verschreibung*

Recepção: *die Rezeption, der Empfang, die Anmeldung*

Recibo: *die Quittung, der Beleg, der Kassenzettel*

Reclamações: *die Beschwerden*

Recomendar: *empfehlen/empfahl/hat empfohlen*

Recusar: *ablehnen/lehnte... ab/hat abgelehnt*

Reembolso: *die (Geld-)Rückerstattung*

Refeição: *die Mahlzeit, das Essen*

Refrigerante: *das Erfrischungsgetränk, die Limo(nade), der Softdrink*

Região: *die Region, die Gegend*

Registrar-se (aeroporto, hotel): *einchecken/checkte ein/hat eingecheckt, sich anmelden*

Rei: *der König*

Religião: *die Religion*

Relógio: *die Uhr*

Remédio: *das Arzneimittel, das Medikament*

Repartição pública (serviço público): *die Behörde*

Reserva: *die Reservierung, die Buchung*

Reservar (mesa, hotel, passagem): *reservieren/reservierte/hat reserviert, buchen/buchte/hat gebucht*

Responsabilidade: *die Haftung*

Restaurante de estrada: *der Rasthof, die Raststätte*

Restaurante no subsolo da prefeitura: *der Ratskeller*

Retorno: *die Wendemöglichkeit*

Revista: *die Zeitschrift, die Illustrierte, das Magazin*

Rio: *der Fluss*

Rir: *lachen/lachte/hat gelacht*

Risque as opções inadequadas, por favor.: *Nichtzutreffendes bitte streichen.*

Rodovia: *die Autobahn*

Rolha: *der Korken*

Rotatória: *der Kreisverkehr*

Rótulo: *das Etikett, die Marke,*

das Label
Roubado: *gestohlen*
Roubar: *stehlen/stahl/hat gestohlen*
Roubo: *der Diebstahl, der Raubüberfall*
Roupa (vestuário): *die Kleidung*
Roupa de cama: *das Bettzeug, die Bettwäsche*
Roxo: *violett, lila*
Rua: *die Straße*
Rua de mão dupla: *Straße mit Gegenverkehr*
Rua de mão única: *die Einbahnstraße*
Rua lateral: *die Nebenstraße*
Rua principal: *die Hauptstraße, die Hauptgeschäftsstraße*
Rua sem saída: *die Sackgasse*
Ruela: *die Gasse*
Ruim: *schlecht, gemein, schädlich*

S

Sábado: *der Samstag*
Saber: *wissen/wusste/hat gewusst*
Saca-rolhas: *der Korkenzieher, der Stoppelzieher (A)*
Sacar dinheiro: *Geld abheben/hob Geld ab/hat Geld abgehoben*
Saco de dormir: *der Schlafsack*
Saco plástico: *der Plastikbeutel, die Plastiktüte, der Plastiksack (A)*
Sacola de supermercado: *die Supermarkt-Tüte*
Sacola plástica (papel): *die Tüte*
Saguão de aeroporto: *die Flughafenhalle*
Saguão de embarque: *die Abflughalle*
Saguão de estação ferroviária: *die Bahnhofshalle*
Saguão de hotel, teatro: *die Eingangshalle, der Empfangsraum, das Foyer*
Saída: *der Ausgang, die Ausfahrt (veículos)*
Saída da rodovia: *die Autobahnausfahrt, die Abfahrt*
Saída de emergência: *der Notausgang*
Saída do território: *die Ausreise*
Sair (para divertir-se): *ausgehen/ging... aus/ist ausgegangen*
Sala de espera: *der Warteraum, die Wartezone, der Aufenthaltsraum*
Salão de jogos: *der Spielsaal*
Salva-vidas: *der Rettungsschwimmer*
Sanduíche aberto: *das belegte Brot*
Sangrar: *bluten/blutete/hat geblutet*
Saudações: *die Begrüßungen*
Saúde! (brinde): *Prosit! (Prost!), Zum Wohl!*
Saúde(!): *die Gesundheit(!)*
Sauna: *die Sauna*
Se: *ob*
Secadora: *der Trockner*
Secretária eletrônica: *der Anrufbeantworter*
Século: *das Jahrhundert*
Segunda-feira: *der Montag*
Seguradora: *die Versicherung(sfirma), die Assekuranz*
Segurança: *die Sicherheit*
Seguro (adjetivo): *sicher, zuverlässig, geschützt, gefahrlos*
Seguro (carro, casa, saúde): *die Versicherung*
Seguro contra todos os riscos: *die Vollkaskoversicherung*

Seguro-saúde: *die Krankenversicherung*
Selo: *die Briefmarke*
Sem: *ohne*
Sem álcool: *alkoholfrei*
Sem cafeína: *koffeinfrei*
Sem compromisso: *unverbindlich*
Sem receita médica: *rezeptfrei*
Semáforo: *die Ampel (Verkehrs-)*
Semana: *die Woche*
Semanal: *wöchentlich*
Sempre: *immer*
Senha: *das Schlüsselwort*
Senhor (sr.): *der Herr*
Senhora (sra.): *die Frau*
Sentar: *sich setzen/setzte sich/hat sich gesetzt*
Separado: *getrennt*
Serviço de manobrista: *der/das Parkservice*
Serviço de quarto: *der/das Zimmerservice, der Etagendienst*
Setembro: *der September*
Sexta-feira: *der Freitag*
Shopping center: *das Einkaufszentrum, die Einkaufsgalerie*
Show (espetáculo): *die Show, die Vorstellung, die Schau*
Silêncio(!): *Ruhe, bitte!, Seien Sie bitte still!, die Ruhe, die Stille*
Silencioso: *leise, ruhig, still*
Sinagoga: *die Synagoge*
Sinal de alarme: *die Notbremse*
Site na internet: *die Internetseite, die Webseite*
Só com receita médica: *rezeptpflichtig*
Sobrenome: *der Nachname*
Sobretaxa para trem intercidades : *der IC-Zuschlag*
Socorro!: *Hilfe!*
Soletrar: *buchstabieren/buchstabierte/hat buchstabiert*
Solteiro(a): *ledig*
Somente: *nur*
Sorrir: *lächeln/lächelte/hat gelächelt*
Sorvete: *das Eis*
Sozinho: *allein(e)*
Suave: *mild*
Sugerir: *vorschlagen/schlug... vor/hat vorgeschlagen*
Sujeito a pagamento: *kostenpflichtig*
Sujo: *schmutzig*
Sul: *der Süden*
Superlotação (avião): *die Überbuchung*
Supermercado: *der Supermarkt*
Supervisionar: *beaufsichtigen/beaufsichtigte/hat beaufsichtigt*

T

Tabacaria: *der Tabakladen*
Talão de cheques: *das Scheckheft*
Talheres: *das Besteck*
Talvez: *vielleicht*
Tamanho (número de roupas e calçados): *die Größe*
Também: *auch*
Tarde: *spät*
Taxa: *die Gebühr*
Taxa de câmbio: *der Wechselkurs, der Umrechnungskurs*
Taxa do estacionamento: *die Parkgebühr*

Taxa extra: *der Zuschlag*
Táxi: *das Taxi*
Teatro: *das Theater*
Teatro lírico: *die Oper, das Opernhaus*
Tecla: *die Taste*
Teclado: *die Tastatur*
Tela de computador, televisão: *der Bildschirm*
Teleférico: *die Drahtseilbahn*
Telefonar: *anrufen/rief... an/hat angerufen*
Telefone: *das Telefon*
Telefone celular: *das Mobil, das Handy*
Telefone público: *die öffentliche Telefonzelle*
Telefonema de longa distância: *das Ferngespräch*
Telefonema local: *das Ortsgespräch*
Telefonista: *die Telefonistin*
Televisão: *das Fernsehen*
Televisão a cabo: *das Kabelfernsehen*
Temperatura: *die Temperatur*
Tempo (clima): *das Wetter*
Tempo (livre): *die Zeit (Frei-)*
Ter: *haben/hatte/hat gehabt*
Terça-feira: *der Dienstag*
Térreo: *das Erdgeschoss, das Parterre*
Terrível: *schrecklich, entsetzlich*
Tesoura: *die Schere*
Tesouro: *der Schatz*
Teto solar: *das Schiebedach*
Tipo sanguíneo: *die Blutgruppe*
Tirar fotografias: *ein Foto aufnehmen, Aufnahmen machen*
Toalete: *die Toilette*
Toalha: *das Badetuch*
Toca CD: *der CD-Spieler*
Tomada: *die Steckdose*
Tomar ônibus, metrô, trem: *nehmen/nahm/hat genommen, fahren/fuhr/ist gefahren*
Torneira: *der Wasserhahn*
Torradeira: *der Toaster, der Brotröster*
Torre: *der Turm*
Traduzir: *übersetzen/übersetzte/hat übersetzt*
Tráfego: *der Verkehr*
Traje típico: *die Tracht*
Transferência bancária: *die Banküberweisung*
Transversal (rua): *die Querstraße*
Travessa (rua): *die Gasse*
Travesseiro: *das Kopfkissen*
Travessia (ferryboat, barco): *die Überfahrt*
Trazer: *bringen/brachte/hat gebracht*
Trem: *der Zug*
Trem-bala: *der Intercity-Express (ICE)*
Trem de ligação (aeroporto): *der Zubringerzug*
Trem rápido intercidades: *der Intercity (IC)*
Triângulo de segurança: *das Warndreieck*
Trilha: *der Pfad*
Tripulação: *die Besatzung, die Crew*
Trocado: *das Kleingeld*
Trocar: *wechseln/wechselte/hat gewechselt*
Trocar um cheque: *einen Scheck einlösen*
Troco: *das Wechselgeld, der Wechsel*
Túnel: *der Tunnel*

Turista: *der Tourist*

U

Último: *letzte(r), zuletzt*
Úmido: *feucht*
Unidade: *die Einheit, das Stück*
Urgente: *dringend*
Usado: *gebraucht*
Usar: *benutzen/benutzte/hat benutzt*
Útil: *nützlich*

V

Vale: *der Gutschein*
Válido: *gültig*
Valor: *der Wert*
Vantajoso: *günstig*
Varanda: *der Balkon*
Vasilhame (retornável): *das Leergut*
Vazio: *leer*
Vela: *die Kerze*
Velho: *alt*
Velocidade recomendada: *die Richtgeschwindigkeit*
Vencimento: *das Verfallsdatum*
Venda antecipada de bilhetes: *der Kartenvorverkauf*
Veneno: *das Gift*
Venenoso: *giftig*
Ventilador: *der Ventilator*
Vento: *der Wind*
Ver: *sehen/sah/hat gesehen*
Verão: *der Sommer*
Verdadeiro: *wahr, wirklich, echt*
Verde: *grün*
Verificar: *überprüfen/überprüfte/hat überprüft, kontrollieren/kontrollierte/hat kontrolliert*
Vermelho: *rot*
Versão original legendada (filme): *die Originalfassung mit Untertiteln (OmU)*
Vez: *das Mal*
Viagem: *die Reise*
Viagem de férias: *die Urlaubsreise*
Viagem de negócios: *die Geschäftsreise*
Viajar: *reisen/reiste/ist gereist*
Viajar a negócios: *geschäftlich reisen*
Vidro reciclável: *das Altglas*
Vigência (validade): *die Gültigkeit*
Virar: *abbiegen/bog ab/ist abgebogen*
Visita guiada: *die Führung*
Visitação (local, cidade): *die Besichtigung, die Stadtbesichtigung*
Visitar: *besuchen/besuchte/hat besucht*
Vista: *die Sicht*
Visto de entrada: *das Visum*
Viver: *leben/lebte/hat gelebt*
Voltagem: *die (elektrische) Spannung*
Vomitar: *erbrechen/erbrach/hat erbrochen*
Voo: *der Flug*
Voo de conexão: *der Anschlussflug*
Voo fretado: *der Charterflug*

X

Xícara: *die Tasse*

Z

Zoológico: *der Zoo(logische Garten), der Tierpark*

Glossário Alemão-Português

A

abbiegen/bog... ab/ist abgebogen: virar

Abend, der: noite

Abendbrot, das: lanche à noite

Abendessen, das: jantar

aber: mas

Abfahrt, die: partida (ônibus, trem), saída de rodovia

Abfall, der: lixo, resíduos

Abfertigungsschalter, der: balcão de *check-in*

abfliegen/flog... ab/ist abgeflogen: decolar

Abflug, der: decolagem

Abflughalle, die: saguão de embarque

abholen/holte... ab/hat abgeholt: buscar, pegar alguém em algum lugar

ablehnen/lehnte... ab/hat abgelehnt: recusar

Abreise, die: partida

absagen/sagte... ab/hat abgesagt: cancelar

abschleppen/schleppte... ab/hat abgeschleppt: guinchar, rebocar

Abschleppwagen, der: guincho (veículo)

abwesend: ausente

Achterbahn, die: montanha-russa

Achtung!: cuidado!

Adresse, die: endereço

alkoholfrei: sem álcool

allein: sozinho

als: como (na qualidade de), do que (comparativo), quando (uma única vez no passado)

alt: velho

Alter, das: idade

Altglas, das: vidro reciclável

Altpapier, das: papel reciclável

Altstadt, die: cidade velha, centro histórico

amüsieren (sich)/amüsierte sich/hat sich amüsiert: divertir-se, entreter-se

an Bord gehen: embarcar, subir a bordo

Andenken, das: lembrança

ändern/änderte/hat geändert: alterar, mudar
andrehen/drehte... an/hat angedreht: ligar (luz, TV, rádio, ar-condicionado)
anfangen/fing... an/hat angefangen: começar
angeben/gab... an/hat angegeben: indicar
Angebot, das: oferta
angenehm: agradável
anhalten/hielt... an/hat angehalten: parar
Anhänger, der: reboque
Anhöhe, die: morro
ankommen/kam... an/ist angekommen: chegar
Ankunft, die: chegada
anmelden (sich)/meldete sich an/hat sich angemeldet: fazer *check-in* no hotel, inscrição num curso
Anmeldung, die: inscrição, recepção
Anrufbeantworter, der: secretária eletrônica
anrufen/rief... an/hat angerufen: telefonar, ligar
Anschluss, der: conexão, baldeação
Anschlussflug, der: voo de conexão
anschnallen (sich)/schnallte sich an/hat sich angeschnallt: colocar o cinto de segurança
Anschrift, die: endereço
Ansichtskarte, die: cartão-postal
Antiquariat, das: livraria de livros antigos e usados (sebo)
Antiquität, die: antiguidade
Antiquitätengeschäft, das: antiquário
Anweisungen, die (pl): instruções
Anzahlung, die: sinal, entrada
Apotheke, die: farmácia
April, der: abril
Arznei, die: remédio, medicamento
Arzt, der: médico
Aschenbecher, der: cinzeiro
Aspirin, das: aspirina
Atlantik, der: Oceano Atlântico
auch: também
aufbocken (das Auto...): levantar o carro
Aufenthalt, der: estadia
Aufenthaltsraum, der: sala de espera, de permanência
aufgeben/gab... auf/hat aufgegeben: abandonar, desistir
Aufnahme, die: recepção, admissão, fotografia, filmagem, gravação, registro
Aufnahmen machen: tirar fotografias
Aufpreis, der: custo adicional
Aufschlag, der: custo adicional
aufstehen/stand... auf/ist aufgestanden: levantar
Aufzug, der: elevador
August, der: agosto
aus zweiter Hand: de segunda mão
ausschalten/schaltete... aus/hat ausgeschaltet: desligar, apagar (luz, TV, rádio, ar-condicionado)
auschecken (aus dem Hotel): fazer o *check-out* do hotel
Ausfahrt, die: saída para veículo
ausfallen/fiel ... aus/ist ausgefallen: ser cancelado

Ausflug, der: excursão, passeio organizado

ausfüllen/füllte aus/hat ausgefüllt: preencher (formulário, ficha)

Ausgang, der: saída

ausgeben/gab ... aus/hat ausgegeben: gastar dinheiro

ausgebucht: esgotado, lotado

ausgehen/ging... aus/ist ausgegangen: sair para divertir-se

Auskunft, die: informação, balcão de informações

Auskunftsschalter, der: balcão de informações

Auslandsgespräch, das: ligação internacional

Ausreise, die: saída do território

ausruhen (sich)/ruhte sich aus/hat sich ausgeruht: descansar

Ausrüstung, die: equipamentos, acessórios

Aussichtsturm, der: mirante

Ausstattung, die: mobiliário, decoração, equipamentos, acessórios

aussteigen/stieg... aus/ist ausgestiegen: descer do carro, ônibus, trem

Ausstellung, die: exposição

Ausverkauf, der: liquidação

ausverkauft: esgotado (ingressos, mercadoria)

Ausweis, der: carteira de identificação

Autobahn, die: autoestrada, rodovia

Autobahnanschluss, der: acesso para rodovia

Autobahnauffahrt, die: acesso para rodovia

Autobahnausfahrt, die: saída da rodovia

Autobahnkarte, die: mapa rodoviário

Autokennzeichen, das: chapa do carro

Automat, der: máquina de bebidas, doces, salgados

B

Babyflasche, die: mamadeira

Bäckerei, die: padaria

Bad, das: banho

Badetuch, das: toalha

Badewanne, die: banheira

Badezimmer, das: banheiro

Bahn, die: ferrovia, trem

Bahnhof, der (Bhf.): estação de trem

Bahnhofshalle, die: saguão de estação ferroviária

bald: logo, em breve

Balkon, der: varanda

Bank, die: banco

Bankleitzahl, die (BLZ): código bancário

Banküberweisung, die: transferência bancária

bar: em dinheiro, pagamento à vista

Barbecue, das: churrasco

Bart, der: barba

Bassin, das: espelho d'água, lagoa

Batterie, die: bateria, pilha

Bauernhof, der: fazenda

Baustelle, die: canteiro de obras

beaufsichtigen/beaufsichtigte/hat beaufsichtigt: supervisionar

bedenklich: preocupante, crítico, duvidoso

Bedienung, die: garçom/garçonete, atendente, atendimento

beginnen/begann/hat begonnen: começar, iniciar

Begrüßungen, die (pl): saudações

beherbergen (jemanden): hospedar (alguém)

Behinderte, der: deficiente físico

Behörde, die: repartição pública, serviço público, autoridades

beinahe: quase, por um pouco

bekannt geben/gab bekannt/ hat bekannt gegeben: anunciar, comunicar

bekannt: conhecido

belästigen/belästigte/hat belästigt: importunar, incomodar, assediar

Beleg, der: comprovante (pagamento), prova, recibo

belegte Brot, das: sanduíche aberto

beliebt: querido, estimado, popular

benutzen/benutzte/hat benutzt: usar

Benzin, das: gasolina

bequem: confortável, prático, à vontade

bereit: pronto, preparado, disposto, disponível

Berg, der: montanha

berühmt: famoso

Besatzung, die: tripulação

beschädigen/beschädigte/hat beschädigt: danificar

beschäftigt: pessoa ocupada

Beschwerden, die (pl): reclamações, queixas

besetzt: ocupado (telefone, toalete)

Besichtigung, die: visitação (local, cidade)

Besichtigungszeiten, die (pl): horário de visitação

Besitzer, der: dono

besser als: melhor do que

bestätigen/bestätigte/hat bestätigt: confirmar

Besteck, das: talheres

besteigen/bestieg/hat bestiegen: embarcar (avião), subir, escalar

bestellen/bestellte/hat bestellt: encomendar, fazer o pedido (restaurante, lanchonete)

Bestellung, die: pedido, encomenda

Bestimmungsort, der: destino

besuchen/besuchte/hat besucht: visitar

Besuchszeiten, die (pl): horário de visitação

Betrag, der (Geld-): quantia, valor, soma, montante (dinheiro)

Bett, das: cama

Betttuch, das: lençol

Bettwäsche, die: roupa de cama

Bettzeug, das: roupa de cama

bewölkt: nublado

bezahlen/bezahlte/hat bezahlt: pagar

Bezahlung, die: pagamento

Biergarten, der: cervejaria ao ar livre

Bierkrug, der: caneca de cerveja

Bild, das: quadro, retrato, ilustração, foto, imagem, figura

Bildschirm, der: tela de computador, televisão

Billett, das (A, CH): entrada, ingresso, bilhete

billig: barato

Bioladen, der: mercearia de produtos orgânicos e dietéticos
Bitte Ruhe!: Silêncio, por favor!
Bitte zurücktreten!: Afastem-se, por favor! (na partida de trem ou metrô)
bitten/bat/hat gebeten: pedir
bitter: amargo
blau: azul
bleiben/blieb/ist geblieben: ficar
bleifreies Benzin: gasolina sem chumbo
Blitz, der: flash de máquina fotográfica, relâmpago
Blume, die: flor
Blumengeschäft, das: floricultura
bluten/blutete/hat geblutet: sangrar
Blutgruppe, die: tipo sanguíneo
Boden, der: chão
Boiler, der: aquecedor de água
Boot, das: barco
Bordkarte, die: cartão de embarque
böse: mau, maldoso, zangado
Botschaft, die: mensagem, notícia, embaixada
Botschafter, der: embaixador
brauchen/brauchte/hat gebraucht: precisar, necessitar, usar
Brauerei, die: cervejaria (fábrica)
Brauhaus, das: cervejaria (fábrica)
braun: marrom
Briefkasten, der: caixa dos correios
Briefmarke, die: selo
Brieftasche, die: carteira
Briefträger, der: carteiro
Briefumschlag, der: envelope
Brille, die: óculos
bringen/brachte/hat gebracht: trazer, transportar, levar, acompanhar
Broschüre, die: folheto
Brotröster, der: torradeira
Brotzeit, die (süddt.): lanche à noite
Brücke, die: ponte
Brunnen, der: fonte, poço
Buch, das: livro
buchen/buchte/hat gebucht: marcar, reservar (mesa, hotel, passagem), registrar, lançar (valor)
Bücherei, die: biblioteca
Buchhandlung, die: livraria
Buchstabe, der: letra
buchstabieren/buchstabierte/hat buchstabiert: soletrar
Buchung, die: reserva, registro, lançamento (valor)
Buchungsbeleg, der: comprovante de reserva
Bühne, die: palco
Bundesstraße, die: estrada nacional
bunt: colorido
Burg, die: castelo, fortaleza, cidade pequena
Bürgersteig, der: calçada
Büro, das: escritório
Bus, der: ônibus
Busbahnhof, der: estação rodoviária
Bushaltestelle, die: ponto de ônibus
Businessclass, die (erste Klasse): classe executiva
Bußgeld, das (CH): multa

C

Charterflug, der: voo fretado
Check-in-Schalter, der: balcão de *check-in*

Chipkarte, die: cartão eletrônico

Cockpit, das: cabine do comandante

Code, der: código (informática), chave

Coupé, das (A): compartimento de trem

Crew, die: tripulação

D

danach: depois, mais tarde

danke: obrigado

Datum, das: data

Dauer, die: duração

dauern/dauerte/hat gedauert: durar, demorar

Decke, die: cobertor

Deckstuhl, der: espreguiçadeira

Delikatessengeschäft, das: mercearia fina

denken/dachte/hat gedacht: pensar

Denkmal, das: monumento

deutsche Küche, die: culinária alemã

Dezember, der: dezembro

Diagnose, die: diagnóstico

Diamant, der: diamante

Diät, die: dieta

dick: gordo, grosso, volumoso, espesso (líquidos)

Dieb, der: ladrão

Diebstahl, der: roubo, furto

Dienstag, der: terça-feira

Dienstleistung, die: prestação de serviços

direkt: direto, diretamente

Dirigent, der: maestro

Disko, die: discoteca, danceteria

Dolmetscher, der: intérprete

Dom, der: catedral

Donnerstag, der: quinta-feira

Doppelzimmer, das (DZ): quarto de casal

dort: lá

Dose, die: lata de refrigerante ou conserva

Drahtseilbahn, die: teleférico

draußen: fora

dringend: urgente

drinnen: dentro

Drogerie, die: drogaria
Veja nota p. 00

dunkel: escuro

Durchgang, der: passagem, acesso

Durchwahl, die: ramal de telefone

Dusche, die: chuveiro, ducha

E

E-Mail-Adresse, die: endereço de e-mail

echt: autêntico, verdadeiro, genuíno

Economyclass, die: classe econômica

Edelstein, der: pedra preciosa

EDV, die (elektronische Datenverarbeitung): informática (processamento eletrônico de dados)

Einbahnstraße, die: rua de mão única

einbeziehen/bezog... ein/hat einbezogen: incluir, compreender

einchecken/checkte... ein/hat eingecheckt: fazer o *check-in*, registrar-se (aeroporto, hotel)

einfach: simples, modesto, só ida (passagem)

Einfahrt, die: entrada de veículos
einfarbig: liso (sem estampa), unicolor
Eingang, der: entrada de prédio, casa
Eingangshalle, die: hall de entrada
Einheit, die: unidade
einkaufen gehen/ging einkaufen/ist einkaufen gegangen: fazer compras
Einkaufsgalerie, die: galeria comercial
Einkaufszentrum, das: shopping center
Einladung, die: convite
einlösen/löste... ein/hat eingelöst: descontar um cheque
Einreise, die: entrada num território, imigração
Einrichtung, die: instalações, mobiliário, serviços, estabelecimento
einschalten/schaltete... ein/hat eingeschaltet: ligar (luz, TV, rádio, ar-condicionado), acender
einsteigen/stieg... ein/ist eingestiegen: embarcar, subir
Einstiegskarte, die: cartão de embarque
eintreten/trat... ein/ist eingetreten: entrar
Eintritt, der: entrada, ingresso, bilhete
Einzahlung, die: depósito
Einzelzimmer, das (EZ): quarto de solteiro
Eis, das: gelo, sorvete
Eisenbahn, die: ferrovia
Elektronikladen, der: loja de eletrônicos
Empfang, der: recepção, acolhida
empfehlen/empfahl/hat empfohlen: recomendar
Endstation, die: estação final, terminal
eng: apertado
entfernt: distante, longe
Entleihe, die: empréstimo, retirada
entrahmt: desnatado
Entschuldigen Sie!: Desculpe!, Com licença!
Entschuldigung, die: desculpa
entsetzlich: horrível, terrível
entwerten: obliterar, carimbar ou validar a passagem ao entrar num meio de transporte público
erbrechen/erbrach/hat erbrochen: vomitar
Erdgeschoss, das: térreo
Erfrischungsgetränk, das: refrigerante
erklären/erklärte/hat erklärt: explicar, esclarecer, declarar
Ermäßigung, die: desconto, redução (por idade)
ernsthaft: sério, grave
Ersatzreifen, der: estepe (pneu sobressalente)
es fehlt: está faltando
es/das gefällt mir: isso me agrada, gosto disso
Essen, das: refeição, comida
essen/aß/hat gegessen: comer
Etagenbett, das: cama-beliche
Etagendienst, der: serviço de quarto
Etikett, das: etiqueta, rótulo
etwas: algo, um pouco

F

Fachwerkhaus, das: casa com madeiramento aparente

Fähre, die: balsa, ferryboat

fahren/fuhr/ist gefahren: dirigir, conduzir, transportar, viajar

Fahrer, der: motorista

Fahrgast, der: passageiro

Fahrkarte, die: passagem, bilhete

Fahrkartenschalter, der: bilheteria (estação de ônibus, trem)

Fahrplan, der: horário de ônibus, trens

Fahrrad, das: bicicleta

Fahrradverleih, der: locação de bicicletas

Fahrradweg, der: ciclovia

Fahrschein, der: passagem, bilhete

Fährschiff, das: ferryboat, balsa

Faktura, die (A, CH): fatura, conta

falsch: errado, falso

falsche Nummer, die (wählen): número errado (discar)

Farbe, die: cor

farbig: colorido

Fasching, der: carnaval

fast: quase

Fastnacht, die: carnaval

Februar, der: fevereiro

Fehler, der: erro, falha, defeito

Feier, die: comemoração, cerimônia, festa

Feiertag, der: feriado

Feinkostladen, der: mercearia fina

Fenster, das: janela

Ferngespräch, das: telefonema de longa distância, interurbano

Ferngläser, die (pl): binóculos

Fernsehen, das: televisão

fertig: pronto, concluído, despachado, exausto

Festspiel, das: festival

Festung, die: fortaleza, forte

fettarm: gordura reduzida, light

feucht: úmido

Feuer, das: fogo

Feueralarm, der: alarme de incêndio

Feuerleiter, die: escada de emergência externa

Feuerlöscher, der: extintor de incêndio

Feuerwehr, die: bombeiros

Feuerwerk, das: fogos de artifício

Feuerzeug, das: isqueiro

Film, der: filme

Finanzviertel, das: centro financeiro

finden/fand/hat gefunden: achar, encontrar, pensar

Firma, die: firma, empresa

Fitnesszentrum, das: academia esportiva

FKK-Strand, der: praia de nudismo

Flasche, die: garrafa

Flitterwochen, die: lua de mel

Flohmarkt, der: mercado de pulgas

Flug, der: voo

Flugbegleiter(in), der: comissário(a) de bordo

Fluggast, der: passageiro aéreo

Fluggesellschaft, die: companhia aérea

Flughafen, der: aeroporto

Flughafenhalle, die: saguão de aeroporto

Flugkarte, die: passagem aérea
Flugplan, der: quadro com horários de voos
Flugschein, der: passagem aérea, brevê de piloto
Flugsteig, der: portão de embarque (aeroporto)
Flugticket, das: passagem aérea
Flugverbindung, die: conexão aérea
Fluss, der: rio
Fontäne, die: chafariz
Food-Court, der: praça de alimentação
Formular, das: ficha, formulário
Foto machen (ein): fotografar
Foto, das: fotografia
Foyer, das (Hotel, Theater): hall de entrada, saguão, vestíbulo
Frage, die: pergunta
Fragebogen, der: formulário, questionário
Frau, die: mulher, senhora, (sra.)
frei: livre, vago, isento, gratuito
Freilichtbühne, die: anfiteatro ao ar livre
freischalten/schaltete... frei/hat freigeschaltet: liberar
Freitag, der: sexta-feira
Freizeit, die: tempo livre, de lazer, horas vagas
Freizeitpark, der: parque de diversões
Fremdenverkehrsamt, das: informações turísticas
Fremdenzimmer, das: quarto para hóspedes com café da manhã
Freund, der: amigo
Freundschaft, die: amizade
Friedhof, der: cemitério
frisch: fresco, novo, puro, limpo
Frohe Weihnachten!: Feliz Natal!
Frohes neues Jahr!: Feliz ano-novo!
Frost, der: geada
früh: cedo, de manhã
Frühling, der: primavera
Frühstück, das: café da manhã
Frühstückspension, die: quarto com café da manhã
Frühvorstellung, die: matinê
Führerschein, der: carteira de otorista
Führung, die: visita guiada
Fundbüro, das: achados e perdidos
Fünf-Sterne-Hotel, das: hotel cinco estrelas
funktionieren/funktionierte/hat funktioniert: funcionar
Fußgänger, der: pedestre
Fußgängerübergang, der: faixa de pedestre
Fußgängerzone, die: calçadão, zona de pedestres

G

Gabel, die: garfo
Gardine, die: cortina
Garten, der: jardim
Gasse, die: ruela, viela, travessa, rua (A)
Gast, der: hóspede
Gastgeber, der: anfitrião
Gasthaus, das: pousada, restaurante
Gasthof, der: restaurante, bar
Gebäude, das: edifício, prédio
geben/gab/hat gegeben: dar, entregar, haver
Gebirge, das: cadeia de montanhas,

serra
Gebrauchsanleitung, die: instruções (manual), modo de uso
gebraucht: usado, de segunda mão
Gebühr, die: taxa
Geburtsdatum, das: data de nascimento
gedrängt: superlotado, apertado
geduldig: paciente (adjetivo)
Gefahr, die: perigo
gefährlich: perigoso
gefahrlos: sem perigo, seguro
gegen: contra, por volta de (tempo), em troca de, mediante
Gegend, die: região, arredores
gegenüber: em frente, do outro lado
Geheimzahl, die: número secreto
gehen/ging/ist gegangen: ir (a pé), ir-se, funcionar, ser possível
gehören/gehörte/hat gehört: pertencer
Gehsteig, der: calçada
Geistliche, der: padre, sacerdote
gelb: amarelo
Geld abheben/hob Geld ab/hat Geld abgehoben: sacar dinheiro
Geld, das: dinheiro
Geldautomat, der: caixa eletrônico de banco
Geldeinwurf, der: fenda para colocar moedas numa máquina
Geldrückgabe, die: devolução de troco em máquina ou de dinheiro
Geldstrafe, die: multa
Gemälde, das: quadro, pintura
gemein: maldoso, ruim, vergonhoso
gemütlich: agradável e confortável
genau: exato, preciso, exatamente, em ponto
Genehmigung, die: autorização
genießen: curtir, saborear, desfrutar
Gepäck, das: bagagem
Gepäckabfertigung, die: local para despachar a bagagem
Gepäckausgabe, die: esteira para retirar a bagagem
gerade: reto, direto, direito, exato, par, justamente
geräuschvoll: ruidoso, barulhento
Gericht, das: prato (culinária), tribunal
gernhaben/hatte... gern/hat gerngehabt: gostar de, ver com bons olhos
Geschäft, das: loja, estabelecimento, negócio
geschäftlich reisen: viajar a negócios, a trabalho
Geschäftsreise, die: viagem de negócios
Geschäftszeiten, die: horário comercial
Geschenk, das: presente
geschieden: divorciado
Geschirr, das: louça
geschlossen: fechado
geschützt: protegido, abrigado
geschwind: veloz
Geschwindigkeitsbegrenzung, die: limite de velocidade
Gesellschaft, die: companhia, empresa, sociedade
gestern: ontem
gestickt: bordado

gestohlen: roubado
Gesundheit, die (!): saúde (!) (ao espirrar)
Getränk, das: bebida
getrennt: separado, dividido
Gewicht, das: peso
Gift, das: veneno
giftig: venenoso
Glas, das: copo, vidro, frasco, lente
glatt: liso, plano, escorregadio
Glatteis, das: gelo em ruas, calçadas e pistas
gleich: igual, mesmo, idêntico, já, logo, imediatamente, indiferente
Gleis, das: plataforma de trem
glitschig: escorregadio
Glühbirne, die: lâmpada
Gold, das: ouro
Gottesdienst, der: missa
Gourmetmeile, die: rua com muitos restaurantes
GPS, das (Globales Positionsbestimmung System): GPS (*Global Positioning System*)
Grad, der/das: graus
Gramm, das: grama (medida de peso)
Gras, das: grama
gratis: grátis, gratuito
Gratulation! (Gratuliere!): Meus parabéns! Felicitações!
grau: cinza
Greißler, der (A): mercadinho, mercearia
Grenze, die: fronteira
grob: grosseiro, grosso, crasso, aproximado
groß: grande, alto (pessoas), extenso
großartig: formidável, magnífico
Größe, die: tamanho, número de roupas e calçados
grün: verde
Gruppe, die: grupo
gültig: válido
Gültigkeit, die: vigência, validade
günstig: vantajoso, oportuno
Guten Appetit!: Bom apetite!
Gutschein, der: comprovante, vale

H

haben/hatte/hat gehabt: ter, possuir
Hafen, der: porto
Hafenrundfahrt, die: passeio pelo porto
Haftung, die: responsabilidade
Halbpension, die: meia pensão
Hälfte, die: metade
Hallenbad, das: piscina coberta
Haltbarkeitsdatum, das: prazo de validade (produto)
Haltestelle, die: ponto de ônibus, bonde
Handarbeit, die: produção artesanal, trabalho manual
handgemacht: feito à mão
Handgepäck, das: bagagem de mão
Handy, das: telefone celular
hart: duro
hässlich: feio
Hauptbahnhof, der (Hbf.): estação de trem principal
Hauptgeschäftsstraße, die: rua principal de comércio
Hauptgeschäftszeit, die: horário de

maior movimento comercial

Hauptspeise, die (HS): prato principal

Hauptstraße, die: rua principal

Hauptverkehrszeit, die: hora do rush

Häuserblock, der: quarteirão

Heim, das: lar, asilo

heiß: quente, muito calor, ardente, fervente

Heizgerät, das: aquecedor

Heizung, die: aquecimento

helfen/half/hat geholfen: ajudar, auxiliar, acudir, socorrer

Herbst, der: outono

Herkunft, die: origem

Herr, der: senhor (sr.)

Herzlichen Glückwunsch zum Geburtstag!: Feliz aniversário!

heute: hoje

Herzlichen Glückwunsch!: Meus parabéns! Muitas felicidades!

hier: aqui

Hilfe, die: ajuda, auxílio

Hilfe!: Socorro!

hin und zurück (Fahrkarte): ida e volta (passagem)

hinunterspülen/spülte hinunter/hat hinuntergespült: dar a descarga

Hitze, die: calor

hoch: alto (coisas)

Hochbett, das: cama beliche

Hochhaus, das: edifício, prédio

hochklappen/klappte hoch/hat hochgeklappt: dobrar para cima, levantar mesa do avião

Hochsaison, die: alta estação

Hochzeitsreise, die: viagem de núpcias

Höhle, die: caverna

hören/hörte/hat gehört: ouvir, escutar, ouvir dizer

Hot-Spot, der: ponto de acesso à internet

Hotel Garni, das: quarto com café da manhã

Hotel, das: hotel

Hotelpage, der: carregador de bagagem (hotel)

Housekeeping, das: governança (hotel)

I

IC-Zuschlag, der: sobretaxa para trem intercidades

Illustrierte, die: revista

im Ausland: no exterior

im Voraus: com antecedência, antecipadamente

Imbiss, der: lanche, lanchonete

Imbissbude, die: quiosque com lanches

immer: sempre

Immobilienmakler, der: corretor de imóveis

in der Schlange warten: esperar na fila

in Ohnmacht fallen: desmaiar

in: em, dentro de, a, para

inbegriffen: incluído, compreendido

Informationsschalter, der: balcão de informações

Inhalt, der: conteúdo

innen: dentro, no interior de

Innenstadt, die: centro da cidade

innerhalb: dentro de, no espaço de (tempo)

Insel, die: ilha
insgesamt: no total
Intercity-Express, der (ICE): trem-bala
Intercity, der (IC): trem rápido intercidades
Internetcafé, das: cyber café (com acesso à internet)
Internetseite, die: site na internet
Irrtum, der: erro, engano

J

Jahr, das: ano
Jahreszeit, die: estação do ano
Jahrgang, der: ano de nascimento, colheita, formatura, publicação
Jahrhundert, das: século
Jahrmarkt, der: feira anual com atrações
Januar, der: janeiro
jedoch: porém
jemand: alguém
jetzt: agora
Jugendherberge, die: albergue da juventude
Jugendliche, der: o jovem
Juli, der: julho
jung: jovem
Juni, der: junho
Juwelierladen, der: joalheria

K

Kabelfernsehen, das: televisão a cabo
Kaffeeautomat, der: máquina de café com moedas
Kaffeemaschine, die: cafeteira elétrica
Kaiser, der: imperador
Kakerlake, die: barata
kalt: frio
Kamera, die: máquina fotográfica
Kännchen, das: bule pequeno (equivale a duas xícaras)
Karaoke, das: karaokê
Karte, die: mapa
Kartenausgabenstelle, die: bilheteria
Kartenvorverkauf, der: venda antecipada de bilhetes
Kasse, die: caixa, bilheteria
Kassenzettel, der: cupom do caixa
Kassierer/Kassier (CH), der: funcionário do caixa
Kathedrale, die: catedral, sé
Katholik, der: católico
kaufen/kaufte/hat gekauft: comprar
Kaufhaus, das: loja de departamentos
Kegelbahn, die: boliche
Kein Durchgang!: passagem proibida
kein Restgeld: não devolve troco (máquina)
Keller, der: adega, porão
Kellner(in), der: garçom (garçonete)
kennen lernen/lernte... kennen/hat kennen gelernt: conhecer alguém primeira vez
Keramik, die: cerâmica
Kerze, die: vela
Kfz-Werkstatt, die: oficina mecânica
Kilogramm, das: quilograma
Kilometerbegrenzung, die: quilometragem limitada
Kilometerstand, der: quilometragem
Kind, das: criança
Kindersitz, der: assento de carro para

criança

Kinderspielplatz, der: praça de recreação para crianças

Kinderstuhl, der: cadeirão (restaurante)

Kino, das: cinema

Kirche, die: igreja

Klappbett, das: cama dobrável

Kleidung, die: roupa, traje, vestuário

klein: pequeno, estatura baixa

Kleingeld, das: dinheiro trocado

Klimaanlage, die: ar-condicionado (aparelho)

Klimatisierung, die: sistema de ar-condicionado

Kloster, das: convento, mosteiro

Kneipe, die: bar, barzinho

Knopf, der: botão

knusprig: crocante

Koch, der: cozinheiro

kochen/kochte/hat gekocht: cozinhar

Kode, der: código (informática), chave

koffeinfrei: sem cafeína

Koffer packen/packte/hat gepackt: fazer as malas

Koffer, der: mala

Kombi-Fahrkarte, die: entrada para um evento (feiras comerciais, jogos de futebol) associada aos meios de transporte público, às vezes inclui estacionamento

komisch: cômico, engraçado, esquisito

Kompass, der: bússola

Konditorei, die: confeitaria

komfortabel: confortável

König, der: rei

Konsulat, das: consulado

Kontaktlinsen, die (pl): lentes de contato

kontrollieren/kontrollierte/hat kontrolliert: controlar, fiscalizar, revistar

Konzert, das: concerto

Kopfkissen, das: travesseiro

Kopfkissenbezug, der: fronha

Kopie, die: cópia

Korken, der: rolha

Korkenzieher, der: saca-rolhas

kostbar: precioso

kosten/kostete/hat gekostet: custar, degustar

kostenlos: gratuito, grátis

kostenpflichtig: sujeito a cobrança

köstlich: delicioso, divertido

Kostprobe, die: degustação

Kraftstoff, der: combustível

krank: doente

Krankenhaus, das: hospital

Krankenpfleger(in), der: enfermeiro(a)

Krankenschwester, die: enfermeira

Krankenversicherung, die: seguro-saúde

Kreditkarte, die: cartão de crédito

Kreisverkehr, der: rotatória

Kreuz, das: cruz

Kreuzfahrt, die: cruzeiro

Kreuzung, die: cruzamento

Krieg, der: guerra

Krimi, der: filme, romance policial

Kristallglas, das: cristal

Krücken, die (pl): muletas

Küchenherd, der: fogão
Kühlschrank, der: geladeira
Kuli, der: caneta, carrinho de malas no aeroporto
Kunde, der: cliente
Kundendienst, der: atendimento ao cliente
Kunst, die: arte
Kunstgalerie, die: galeria de arte
Kunsthandwerk, das: artesanato
Künstler, der: artista
künstlich: artificial, sintético
Kunststoff, der: plástico
Kunstwerk, das: obra de arte
Kurstadt, die: cidade de águas termais
kurz: curto
Küste, die: costa, litoral

L

Label, das: rótulo, editora discográfica
lächeln/lächelte/hat gelächelt: sorrir
lachen/lachte/hat gelacht: rir
Laden, der: loja, vitrine
Ladenschlusszeiten, die: horário de fechamento das lojas
Lage, die: situação, posição, localização, camada
Laken, die (pl): lençóis
Land, das: país
Landstraße, die: estrada estadual, regional
lang: comprido
Länge, die: comprimento
langsam: lento, devagar
lärmend: barulhento, ruidoso
Lastschrift, die: boleto bancário
laufen/lief/ist gelaufen: correr, caminhar, funcionar, escorrer, estar em curso ou exibição
laut: alto (som), barulhento, ruidoso, de acordo com
lauter stellen: aumentar o som
Lautsprecher, der: alto-falante
lauwarm: morno
leben/lebte/hat gelebt: viver
Lebensmittel, die (pl): alimentos, comida
Lebensmittelgeschäft, das: mercadinho, mercearia
lecker: delicioso
ledig: solteiro(a)
leer: vazio
Leergut, das: vasilhame retornável
legen/legte/hat gelegen: pôr, pousar, colocar na horizontal
leicht: leve, fácil, simples, suave, fraco
leider: infelizmente
leihen/lieh/hat geliehen: emprestar
leise: baixo (sons), silencioso
Leiter, der: gerente
Leitungswasser, das: água da torneira
lesen/las/hat gelesen: ler
letzte(r): último, derradeiro, passado
Leuchtturm, der: farol na costa
Leute, die: pessoas, gente
Licht, das: luz
lieb: gentil, querido, simpático, bom, comportado
lieben/liebte/hat geliebt: adorar, amar
lieblings- : favorito, predileto, preferido
liefern/lieferte/hat geliefert:

entregar, fornecer
Lieferung, die: entrega, remessa, fornecimento
Liegestuhl, der: espreguiçadeira
Lift, der: elevador
lila: roxo
Limo(nade), die: refrigerante
links: à esquerda
Liter, der: litro
Löffel, der: colher
Lokal, das: restaurante, bar
lustig: alegre, divertido, engraçado, gozado

M

Mädchenname, der: nome de solteira
Magazin, das: revista, depósito, armazém
Mai, der: maio
Mal, das: vez
malerisch: pitoresco
Mann, der: homem
Mappe, die: maleta de mão, pasta
Marke, die: marca, selo, ficha, senha
Markt, der: mercado, feira
Marktplatz, der: praça do mercado
März, der: março
Maß, das: medida
Maß, die: caneca de cerveja de um litro
Matinee, die: matinê
Matratze, die: colchão
Mauer, die: muro
Maus, die: camundongo, mouse (computador)
Mautgebühr, die: pedágio
Mautstraße, die: estrada pedagiada
Mechaniker, der: mecânico
Medikament, das: remédio, medicamento
Meer, das: mar
mehr: mais (comparativo de ***viel*** - muito)
Mehrfachsteckdose, die: multiplicador de tomada
Mehrfahrten-Ausweis, der: passe de transportes para várias viagens
Mehrwegflasche, die (MW): garrafa retornável com depósito de garantia
Mehrwertsteuer, die (MwSt.): imposto sobre o valor agregado (IVA)
Meilenkonto, das: milhagem
Meinung, die: opinião, ponto de vista
Meisterwerk, das: obra-prima
Menge, die: quantia
Menschen, die: as pessoas, gente, os humanos
merkwürdig: esquisito, estranho, curioso
Messe, die: missa, exposição, feira
Messegelände, das: centro de convenções, recinto de feiras
Messer, das: faca
Miete, die: aluguel
mieten/mietete/hat gemietet: alugar
Mietwagen, der: carro de aluguel
Mikrowellenherd, der: forno de micro-ondas
Milchbecher, der: caneca ou copo de leite
Milchflasche, die: mamadeira
mild: suave, doce

Minderjährige, der: menor de idade
Mindesthaltbarkeit, die: prazo de validade
Mini-Markt, der: loja de conveniência
Minibar, die: frigobar
Missverständnis, das: mal-entendido
mit: com
mitnehmen/nahm ... mit/hat mitgenommen: levar (consigo)
Mitteilung, die: aviso, boletim, comunicado, mensagem
Mittel, das (Arznei-): meio, recurso (remédio)
Mittelalter, das: Idade Média
Mittelmeer, das: Mar Mediterrâneo
Mittwoch, der: quarta-feira
Mobil, das: telefone celular
Möblierung, die: decoração, mobília
modern: moderno
mögen/mochte/hat gemocht: gostar de, querer, desejar
möglich: possível
Monat, der: mês
Montag, der: segunda-feira
Morgen, der: manhã
Moschee, die: mesquita
müde: cansado
Müll, der: lixo
Mülltonne, die: contêiner para lixo
Münster, das: catedral, sé
Münze, die: moeda
Münzeinwurf, der: fenda para colocar moedas numa máquina
Münzrückgabe, die: devolução de troco numa máquina
Museum, das: museu
Musik, die: música
Muslim, der: muçulmano
Muttersprache, die: língua materna
Mütze, die: boné

N

nach: após, para
Nachlass, der: abatimento, desconto, espólio
Nachmittagsvorstellung, die: matinê
Nachname, der: sobrenome
Nachricht, die: notícia, mensagem, recado
Nachsaison, die: baixa estação
Nacht, die: noite (período em que se dorme)
Nachtlokal, das: boate
nah: perto, próximo
Name, der: nome
nass: molhado
Naturschutz, der: proteção ambiental
Navigationssystem, das (Navi): GPS (Global Positioning System)
Nebel, der: névoa, neblina, nevoeiro
neben: ao lado de, perto de
Nebensaison, die: baixa estação
Nebenstraße, die: rua lateral, secundária
Nebenwirkung, die: efeito colateral
nehmen/nahm/hat genommen: apanhar, agarrar, pegar, tomar (transportes, bebidas)
nett: simpático, agradável, gentil
Netz, das: rede
Netzkarte, die: passe de transporte público por um certo tempo
neu: novo, recente, moderno, inédito
nicht mehr im Lager: indisponível no

estoque, esgotado (mercadoria)
Nicht stören!: Não perturbe!
Nichtraucher, der: não fumante
nichts: nada
Nichtzutreffendes bitte streichen.: Risque as opções inadequadas, por favor.
nie: nunca, jamais
niedrig: baixo (coisas), humilde, mesquinho
niedriger stellen/stellte... niedriger/hat niedriger gestellt: diminuir (ar-condicionado, som)
niedriger: inferior
niemand: ninguém
noch: ainda
Norden, der: Norte
Notarzt, der: médico de plantão
Notaufnahme, die: pronto-socorro, emergências
Notausgang, der: saída de emergência
Notbremse, die: sinal de alarme (vagão)
Notfall, der: emergência
November, der: novembro
Nummernschild, das: chapa do carro
nur hin: só ida (bilhete)
nur: somente, apenas
nützlich: útil, proveitoso

O

ob: se
oben: em cima
Ober, der: maître
Ofen, der: forno
offen: aberto
öffentlich: público
öffnen/öffnete/hat geöffnet: abrir
Öffnungscode, der: código de abertura
Öffnungszeiten, die: horários de abertura
oft: frequente(mente)
ohne: sem
Ohnmacht, die: desmaio
Oktober, der: outubro
Oper, die: ópera, teatro lírico
Opernhaus, das: teatro lírico
Optiker, der: ótica, oculista
Orchester, das: orquestra
Originalfassung mit Untertiteln, die (OmU): versão original legendada (filme)
Ort, der: lugar, local, povoado
Ortsangabe, die: indicação de local, localização
Ortsgespräch, das: telefonema local
Osten, der: Leste

P

Päckchen, das: encomenda postal, maço de cigarro
Paket, das: pacote, embrulho, encomenda postal
Palast, der: palácio
Pannenstreifen, der (A, CH): acostamento
Papeterie, die (CH): papelaria
Papierserviette, die: guardanapo de papel
Papiertaschentuch, das: lenço de papel
Park, der: parque

Parken verboten: Proibido estacionar
parken/parkte/hat geparkt: estacionar
Parkgebühr, die: taxa do estacionamento
Parkhaus, das: estacionamento coberto
Parkplatz, der: estacionamento (aberto)
Parkservice, der/das: serviço de manobrista
Parkuhr, die: parquímetro
Parlament, das: parlamento
Parterre, das: térreo, plateia
Party, die: festa
Pass, der: passaporte
passieren/passierte/ist passiert: acontecer, passar-se
Patient, der: paciente (substantivo)
Pauschale, die: quantia fixa
Pazifik, der: Oceano Pacífico
Pension, die: pensão, pousada
Pensionär/Pensionist (süddt., A, CH), der: funcionário público aposentado
Person, die: pessoa
Personalausweis, der: carteira de identidade
Pfad, der: trilha, caminho estreito
Pfalz, die: palácio, Palatinado
Pfand, das: depósito de garantia restituível quando um vasilhame consignado é devolvido (garrafas, latinhas)
Pfandflasche, die: garrafa retornável com depósito de garantia
Pfandrückgabe, die: devolução de vasilhames com depósito de garantia
Pfarrer, der: padre, pastor, pároco
Pflaster, das: curativo adesivo, emplastro, calçamento
Pflicht, die: o dever
Pförtner, der: porteiro
Pfund, das: meio quilo
pikant: apimentado, picante
Pilotenkanzel, die: cabine do comandante
Pils, das: cerveja clara
Plakat, das: outdoor, pôster
Plastiksack, der (A): sacola plástica
Plastiktüte, die: sacola plástica
Platz, der: local, lugar, praça, largo, assento, campo, espaço
Polizei, die: polícia
Polizeidienststelle, die: delegacia de polícia
Polizeikommissariat, das (A): delegacia de polícia
Polizist, der: policial
Portemonnaie, das: carteira
Portier, der: porteiro
Portion, die: porção
Post, die: correios
Postamt, das: agência de correios
Postkarte, die: cartão-postal
Postleitzahl, die (PLZ): código postal
Praxis, die: consultório
Preis, der: preço
Preisempfehlung, die: preço sugerido
preiswert: barato
Priester, der: sacerdote
prima: ótimo, fantástico

prominent: famoso
Prosit! (Prost!): Saúde! (brinde)
Provision, die: comissão financeira
pünktlich: pontual
pur: puro
putzen/putzte/hat geputzt: limpar

Q

Querstraße, die: rua transversal
Quittung, die: recibo

R

R-Gespräch, das: chamada a cobrar
Rabatt, der: desconto
Radfahrer, der: ciclista
Radtour, die: passeio ciclístico
rasch: rápido, veloz, depressa
Rasthof, der: restaurante de estrada
Rastplatz, der: área de descanso em estrada
Raststätte, die: restaurante de estrada
Rathaus, das: prefeitura
Ratskeller, der: restaurante no subsolo da prefeitura
Raubüberfall, der: assalto (à mão armada), roubo
rauchen/rauchte/hat geraucht: fumar
Raucher, der: fumante
Raucherzone, die: área para fumantes
Raumpfleger, der: faxineiro
Rechnung, die: fatura, conta, cálculo
rechts: à direita
rechtswidrig: ilegal, contra a lei
rechtzeitig: a tempo, pontualmente
Regen, der: chuva
Regenschirm, der: guarda-chuva
Region, die: região
regnen/regnete/hat geregnet: chover
reif: maduro
Reinigung, die: limpeza
Reinigungskraft, die: faxineira(o)
Reise, die: viagem
Reiseandenken, das: lembrança, recordação de viagem
Reiseberater, der: agente de viagens
Reisebüro, das: agência de viagens
Reiseführer, der: guia de viagem (livro)
Reiseleiter, der: guia de viagem (pessoa)
reisen/reiste/ist gereist: viajar
Reisepass, der: passaporte
Reisestecker-Adapter, der: adaptador de tomada em viagens
Reisetasche, die: sacola de viagem
Reiseziel, das: destino de viagem
Religion, die: religião
Rennen, das: corrida
Rentner, der: aposentado
Reparatur, die: conserto, reparo
reparieren/reparierte/hat repariert: consertar, repara
Reservereifen, der: estepe (pneu sobressalente)
reservieren/reservierte/hat reserviert: marcar, reservar (mesa, hotel, passagem)
Reservierung, die: reserva
Rettungsboot, das: bote salva-vidas
Rettungsschwimmer, der: salva-vidas
Rettungsweste, die: colete salva-vidas
Rezept, das: receita (culinária, médica)
rezeptfrei: sem receita médica
Rezeption, die: recepção

rezeptpflichtig: só com receita médica
Richtgeschwindigkeit, die: velocidade recomendada
Richtung, die: direção, sentido, orientação, tendência
Rollstuhl, der: cadeira de rodas
Rolltreppe, die: escada rolante
rot: vermelho
Rückerstattung, die (Geld-): reembolso
Rückgabe, die: devolução
Rucksack, der: mochila
Rücksicht, die: consideração
Ruhe, die: silêncio, calma, tranquilidade
ruhig: silencioso, quieto, sossegado, tranquilo, calmo
Rundfunk, der: rádio
Rushhour, die: hora do rush
rutschig: escorregadio

S

S-Bahn, die: bonde
Sachschaden, der: dano material
Sackgasse, die: rua sem saída, beco
Safe, das/der: cofre
sagen/sagte/hat gesagt: dizer
Sammelfahrschein, der: bilhete múltiplo (transporte público)
Samstag, der: sábado
satt sein: estar satisfeito (comida)
sauber: limpo
sauer: ácido, azedo, coalhado, chateado
Sauna, die: sauna
Schabe, die: barata
schädlich: nocivo, prejudicial
Schaffner, der: cobrador
Schalter der Fluggesellschaft, der: balcão de companhia aérea
Schalter, der: guichê, balcão, bilheteria, interruptor, comutador
scharf: afiado, cortante, nítido (imagem), picante, perspicaz, severo
Schatz, der: tesouro
Schau, die: exposição, mostra
Scheck ausstellen/ausfüllen, einen: fazer, preencher um cheque
Scheck einlösen, einen: trocar um cheque
Scheck, der: cheque
Scheckheft, das: talão de cheques
Schere, die: tesoura
Scherz, der: gracejo, piada
Schiebedach, das: teto solar
Schiff, das: barco, navio, nave (igreja)
Schifffahrt, die: passeio ou trajeto de barco
Schiffsausflug, der: passeio de barco
Schiffsreise, die: cruzeiro
schlafen/schlief/hat geschlafen: dormir
Schlafsack, der: saco de dormir
Schlange, die: fila, cobra
schlecht: mal, mau, estragado, ruim
schließen/schloss/hat geschlossen: fechar
Schließfach, das (Gepäck-): guarda-volume (estação de trem, aeroporto)
schlimm: mal, mau, grave
schlimmer als: pior do que

Schloss, das: castelo, palácio, fechadura
Schlüssel, der: chave, clave (música)
Schlüsselwort, das: senha, palavra-chave
Schlussverkauf, der: liquidação
schmackhaft: saboroso, gostoso
schmal: estreito
schmerzen/schmerzte/hat geschmerzt: doer
schmerzhaft: doloroso
schmutzig: sujo, imundo, indecente
Schnee, der: neve
schneiden/schnitt/hat geschnitten: cortar
schneien/schneite/hat geschneit: nevar
schnell: rápido, veloz, depressa
Schnellwäscherei, die: lavanderia (autosserviço)
Schnitt, der: corte
Schnurrbart, der: bigode
schön: bonito, lindo, belo, bem
schrecklich: horrível, terrível
schreiben/schrieb/hat geschrieben: escrever
Schreibwarenladen, der: papelaria
schulden/schuldete/hat geschuldet: dever dinheiro
schwanger: grávida
schwarz: preto
schwer: pesado, difícil
schwierig: difícil, complicado
Schwimmbad, das: piscina
schwimmen/schwamm/hat geschwommen: nadar
Schwimmweste, die: colete salva-vidas
See, der: lago
See, die: oceano
sehen/sah/hat gesehen: ver
sehenswert: merece ser visto
Sehenswürdigkeit, die: atração turística
sehr: muito (intensidade)
Seien Sie bitte still!: Fique quieto, por favor!, Silêncio!
Seitenstreifen, der: acostamento
selbst: mesmo, próprio
Selbstbedienung, die (SB): autoatendimento (*self-service*)
selten: raro
seltsam: estranho, esquisito, singular
senden/sendete/hat gesendet: enviar
Senioren, die (pl): idosos, terceira idade
September, der: setembro
seriös: sério
Serviette, die: guardanapo
setzen (sich)/setzte sich/hat sich gesetzt: sentar-se
Show, die: show, espetáculo
Shuttleverkehr, der: ônibus ou trem que liga o aeroporto a outro meio de transporte, circular
sicher: seguro, certo, firme, de confiança
Sicherheit, die: segurança
Sicherheitsgurt, der: cinto de segurança
Sicht, die: vista
Sitte, die: costume
so: assim
sofort: imediatamente

Sommer, der: verão
Sonnenbrille, die: óculos de sol
Sonnenuntergang, der: pôr do sol
sonnig: ensolarado
Souvenir, das: recordação, lembrança (de viagem)
Spannung, die (elektrische): voltagem
Spannungskonverter, der: conversor de voltagem
Spannungswandler, der: conversor de voltagem
Spaß haben: ter prazer em, satisfação em, gosto por
Spaß, der: piada, gracejo, diversão
spät: tarde
später: mais tarde, depois
Spaziergang, der: passeio
Speise, die: prato (culinária)
Speisekarte, die: cardápio
Sperrknopf, der: botão da trava
Sperrriegel, der: trava de segurança
Spiegel, der: espelho
Spiel, das: jogo
spielen/spielte/hat gespielt: jogar (esportes, jogos)
Spielfeld, das: quadra de esportes
Spielgarten, der: parquinho de diversão
Spielsaal, der: salão de jogos
Spielwarengeschäft, das: loja de brinquedos
Sport, der: esporte
Sportgeschäft, das: loja de artigos esportivos
Sportstadion, das: estádio esportivo
sprechen/sprach/hat gesprochen: falar
Sprechstunde, die: consulta médica
Springbrunnen, der: chafariz
Spülbecken, das: pia de cozinha
Spülung, die: descarga
Staatsangehörigkeit, die: nacionalidade
Stadion, das: estádio
Stadtbesichtigung, die: passeio turístico pela cidade
Stadtmitte, die: centro da cidade
Stadtplan, der: mapa da cidade
Stadtrundfahrt, die: passeio turístico pela cidade
Stadtzentrum, das: centro da cidade
Standort, der: localização, posição
Standspur, die: acostamento
stark: forte, vigoroso, robusto
stärker stellen: aumentar (ar-condicionado, som)
Start, der: decolagem, partida
starten/startete/ist gestartet: decolar, iniciar
Startguthaben, das: crédito inicial
Statue, die: estátua
Stau, der: congestionamento
Steakhaus, das: restaurante de grelhados
Steckdose, die: tomada
Stecker, der: plugue macho
stehlen/stahl/hat gestohlen: roubar
Stelle, die: lugar, área, emprego, vaga, trecho num texto
stellen/stellte/hat gestellt: pôr, pousar, colocar na vertical
Stempel, der: carimbo
Steuer, die: imposto, volante, leme
Steward(ess), der: comissário(a)

de bordo

Stickerei, die: bordado

Stift, das: convento, lar para idosos

still: silencioso, quieto, sossegado, tranquilo, calmo, calado

Stille, die: silêncio

Stockbett, das: cama-beliche

Stockwerk, das: o andar

Stoppelzieher, der (A): saca-rolhas

stören/störte/hat gestört: importunar, incomodar, perturbar

Stornierung, die: anulação, cancelamento

Strafe, die: multa

Strand, der: praia

Straße mit Gegenverkehr, die: rua de mão dupla

Straße, die: rua

Straßenblock, der: quarteirão

Straßenecke, die: esquina

Straßenkarte, die: mapa rodoviário

Straßenschild, das: placa de rua, tabuleta

Streichhölzer, die (pl): fósforos

Streifenkarte, die: bilhete múltiplo (transporte público)

Strohhalm, der: canudinho

Strom, der: energia elétrica

Stromausfall, der: queda de energia

Stück, das: pedaço, fatia, peça (teatro, música), exemplar

Student, der: estudante

Studentenfutter, das: mistura de frutas secas

studieren/studierte/hat studiert: estudar (nível superior)

Stuhl, der: cadeira

Stunde, die: hora

suchen/suchte/hat gesucht: procurar

Süden, der: Sul

Supermarkt, der: supermercado

süß: doce, querido, gracioso

Süßstoff, der: adoçante

Synagoge, die: sinagoga

synchronisiert: dublado

T

Tabakladen, der: tabacaria

Tablett, das: bandeja, tabuleiro

Tablette, die: comprimido

Tachostand, der: quilometragem

Tagesfahrkarte, die: bilhete válido por um dia

Tagesgericht, das: prato do dia

täglich: diariamente

tanken/tankte/hat getankt: abastecer (combustível)

Tankstelle, die: posto de gasolina

Tankwart, der: frentista

Tante Emma-Laden, der: mercadinho, mercearia

Tanz, der: dança

tanzen/tanzte/hat getanzt: dançar

Tanzlokal, das: danceteria

Tasche, die (Hand-): bolsa (de mão)

Taschenlampe, die: lanterna

Tasse, die: xícara

Tastatur, die: teclado

Taste, die: tecla

Taxi, das: táxi

Taxistand, der: ponto de táxi

Teich, der: lago, lagoa

teilen/teilte/hat geteilt: dividir

Telefon, das: telefone

Telefonistin, die: telefonista
Telefonzelle, die: telefone público
Teller, der: prato
Temperatur, die: temperatura, febre baixa
Tempolimit, das: limite de velocidade
Termin, der (vereinbaren, absagen): data, prazo, hora marcada, compromisso, consulta (marcar, desmarcar)
teuer: caro
Theater, das: teatro
Theaterkasse, die: bilheteria de teatro
Theaterstück, das: peça teatral
Themenpark, der: parque temático
tief: fundo, profundo, grave (som)
Tiefkühlschrank, der: congelador vertical
Tiefkühltruhe, die: congelador horizontal
Tierpark, der: zoológico
Tipp, der: dica
Tisch, der: mesa
Toaster, der: torradeira
Toilette, die: toalete
toll: genial, legal, fantástico, incrível, ótimo
Töpferkunst, die: artesanato em cerâmica
Tourist, der: turista
Touristenklasse, die: classe econômica
Tracht, die: traje típico
Trachtenfest, das: festa com trajes típicos
treffen/traf/hat getroffen: encontrar
Treffpunkt, der: ponto de encontro
Treibstoff, der: combustível
Treppe, die: escada
Trimm-dich-Pfad, der: circuito esportivo num parque
trinken/trank/hat getrunken: beber
Trinkgeld, das: gorjeta
Trinkhalm, der: canudinho
Trinkwasser, das: água potável
Trockenreinigung, die: lavanderia a seco
Trockner, der: secadora (roupas)
Trottoir, das (CH): calçada
tun/tat/hat getan: fazer, cumprir, pôr, colocar
Tunnel, der: túnel
Turm, der: torre
Tüte, die: sacola plástica ou saquinho de papel

U

U-Bahn, die: metrô
U-Bahnhof, der: estação de metrô
U-Bahnstation, die: estação de metrô
U, die (A): metrô
Überbuchung, die: superlotação (avião)
Überfahrt, die: travessia de ferryboat ou barco
überfüllt: lotado, apinhado, repleto
Übernachtung, die: diária de hotel, pernoite
überprüfen/überprüfte/hat überprüft: examinar, testar, rever, verificar
übersetzen/übersetzte/hat übersetzt: traduzir
Ufer, das: margem (rio)
Uhr, die: relógio, horas

Umleitung, die: desvio
Umrechnungskurs, der: taxa de câmbio
umsonst: de graça, gratuitamente, em vão
Umsteigung, die: baldeação (de uma linha de ônibus, de metrô ou trem para outra)
unangenehm: desagradável
Unfallstation, die: emergências, pronto-socorro
ungezogen: mal-educado
unhöflich: mal-educado, grosseiro
Unterführung, die: passagem subterrânea
Unterkunft, die: alojamento
Unternehmen, das: empresa, empreendimento
unterschreiben/unterschrieb/hat unterschrieben: assinar
Unterschrift, die: assinatura
Untertitel, der: legenda de filme
unterwegs sein: estar a caminho, em deslocamento
unverbindlich: sem compromisso
Uraufführung, die: estreia de filme, peça de teatro
Urlaub, der (verbringen): férias (passar)
Urlaubsreise, die: viagem de férias

V

Ventilator, der: ventilador
Verabredung, die (treffen): encontro (marcar um compromisso), acordo
Veranstaltung, die: evento, espetáculo
Verbrauch, der: consumo
Verein, der: associação, clube
Verfallsdatum, das: vencimento
verfügbar: disponível
Verfügbarkeit, die: disponibilidade
Vergnügungspark, der: parque de diversões
vergriffen: edição esgotada (livro)
verheiratet: casado(a)
Verkehr, der: tráfego
Verkehrsampel, die: semáforo
Verkehrsschild, das: placa de trânsito
Verkehrsstau, der: congestionamento, engarrafamento
Verkehrsverletzung, die: infração de trânsito
verlassen/verließ/hat verlassen: abandonar, deixar, sair
verlieren/verlor/hat verloren: perder, extraviar
verpassen/verpasste/hat verpasst: perder um compromisso, voo, ônibus, trem, desencontrar-se
verqualmt: enfumaçado
Versicherung, die: seguro (carro, casa, saúde), seguradora, garantia
Versicherungspolice, die: apólice de seguro
verspätet: atrasado
Verspätung, die: atraso
verstehen/verstand/hat verstanden: entender, compreender
Vertrag, der: contrato
verwählen (sich)/verwählte sich/hat sich verwählt: engano telefônico, discar errado
Verwaltung, die: administração

Verzeihung!: Perdão!, Desculpe!
Viel Glück!: Boa sorte!
viel: muito (quantitativo)
vielleicht: talvez, por acaso
Viertelstunde, die: quarto de hora
violett: roxo
Visum, das: visto de entrada
voll: cheio, repleto
volljährig: maior de idade
Vollkaskoversicherung, die: seguro contra todos os riscos
Vollpension, die: pensão completa
Vorfahrt, die: preferência, prioridade no trânsito
Vorhang, der: cortina
Vorhersage, die: previsão (meteorológica)
Vormittag, der: manhã
Vorname, der: nome
Vorort, der: periferia
Vorschlag, der: proposta
vorschlagen/schlug... vor/hat vorgeschlagen: propor, sugerir
Vorsicht, die: prudência
vorstellen/stellte... vor/hat vorgestellt: apresentar
Vorstellung, die: apresentação, espetáculo, sessão
Vortrag, der: conferência
Vorwahl, die: prefixo de telefone

W

wählen/wählte/hat gewählt: escolher, discar, eleger
wahr: verdadeiro, verídico, real
während: durante, enquanto
Währung, die: moeda corrente
Wald, der: floresta, bosque
wandern/wanderte/ist gewandert: caminhar pela natureza
Wanderung, die: caminhada, excursão a pé na natureza
wann: quando (pergunta)
Warenhaus, das: loja de departamentos
warm: quente, calor, caloroso
Warndreieck, das: triângulo de segurança
warten/wartete/hat gewartet: esperar, aguardar
Warteraum, der: sala de espera
Wartezone, die: área de espera
warum: por que
Waschbecken, das: lavatório de banheiro
Waschmaschine, die: máquina de lavar
Waschsalon, der: lavanderia (autoatendimento)
Wasser, das: água
Wasserfall, der: cachoeira
Wasserhahn, der: torneira
Wasserhärte, die: dureza da água
Webseite, die: site na internet
Wechsel, der: troco, troca, modificação
Wechselgeld, das: troco
Wechselkurs, der: taxa de câmbio
wechseln/wechselte/hat gewechselt: trocar, mudar
Wechselstube, die: casa de câmbio
Wecker, der: despertador
wehtun/tat weh/hat wehgetan: doer
Weihnachten, das: Natal

Weihnachtsmarkt, der: feira de Natal
weil: porque (resposta)
Weinprobe, die: degustação de vinho
weiß: branco
weit: distante, longe, largo
Welle, die: onda
Wendemöglichkeit, die (keine): retorno (proibido)
wenigstens: ao/pelo menos
wenn: quando, se, sempre que
wer (nominativo), wen (acusativo), wem (dativo): quem
Werkstatt, die: oficina, ateliê
Werktag, der: dia útil
werktags: em dias úteis
Wert, der: valor
Westen, der: Oeste
Wetter, das: tempo (clima)
Wettervorhersage, die: previsão do tempo
Wickelraum, der: fraldário
widerrechtlich: ilegal
wie viel: quanto(a)
wie viele: quantos(as)
Wiese, die: gramado
Willkommen in... : bem-vindo a...
Wind, der: vento
Winter, der: inverno
wirklich: real, efetivo, verdadeiro, mesmo
Wirt, der: dono de restaurante
wissen/wusste/hat gewusst: saber
Witz, der: piada
witzig: engraçado
WLAN, das: rede local sem fio (*Wireless Local Area Network*)
Woche, die: semana
Wochenkarte, die: bilhete válido por uma semana
Wochenmarkt, der: feira
wöchentlich: semanal
wohnen/wohnte/hat gewohnt: morar
Wolkenkratzer, der: arranha-céus
würzig: temperado, condimentado, aromático

Z

Zahl, die: algarismo
zahlen/zahlte/hat gezahlt: pagar
Zapfsäule, die: bomba de gasolina
zart: tenro, macio, delicado
Zebrastreifen, der: faixa de pedestre
Zehnerkarte, die: carnê de dez passagens
zeigen/zeigte/hat gezeigt: mostrar, exibir, apontar
Zeit, die: tempo
Zeitschrift, die: revista
Zeitung, die: jornal
Zeitungskiosk, der: banca de jornal
Zeitungsstand, der: banca de jornal
Zentralheizung, die: aquecimento central
Zertifikat, das: certificado
Ziel, das: objetivo, meta
Ziffer, die: algarismo, cifra
Zigarre, die: charuto
Zimmer, das (Schlaf-): cômodo, quarto (dormitório)
Zimmermädchen, das: camareira
Zirkus, der: circo
Zoll, der: alfândega
Zollabfertigung, die: formalidades da alfândega

Zollerklärung, die: declaração de alfândega

zollfrei: isento de taxas alfandegárias

Zoo(logische Garten), der: zoológico

zu + adjetivo: demais (zu teuer: caro demais)

zu sehr: demasiado, demais (intensidade)

zu viel: demasiado, demais (quantidade)

Zubringer, der: transporte entre cidade e aeroporto, alça de acesso à rodovia

Zug, der: trem

Zugabteil, das: compartimento do trem

Zugang, der: acesso, entrada

zügig: rápido, ligeiro

zuletzt: em último, por fim

Zum Wohl!: Saúde! (brinde)

Zuschlag, der: taxa adicional, sobretaxa

zusteigen/stieg... zu/ist zugestiegen: embarcar (trem, ônibus)

zuverlässig: de confiança, fidedigno

Zwischenlandung, die: escala de voo

MAPA
KARTEN

Mapas e bandeiras: Alemanha, Áustria & Suíça

DEUTSCHLAND

ÖSTERREICH

SCHWEIZ

Guia do CD

Spur 1: Erste Kontaktaufnahmen

Spur 2: Flugzeug & andere Verkehrsmittel

Spur 5: Sehenswürdigkeiten, Freizeit & Unterhaltung

Spur 6: Einkaufen gehen

Spur 7: Gesundheit & Notfälle